SV

»Ich wurde eine Romanfigur«
Wolfgang Koeppen
1906–1996

Von Hiltrud und Günter Häntzschel

Suhrkamp

Dieses Buch entstand parallel zur Vorbereitung der gleichnamigen Ausstellung
»Ich wurde eine Romanfigur«
Wolfgang Koeppen 1906–1996
Eine Ausstellung der Münchner Stadtbibliothek
14. März–25. Juni 2006
Allen Leihgebern sowie den Mitarbeiterinnen und Mitarbeitern der genannten Archive
und Bibliotheken möchten wir für ihre Hilfe bei der Beschaffung der Dokumente herz-
lich danken.

Erste Auflage 2006
© Suhrkamp Verlag Frankfurt am Main 2006
Alle Rechte vorbehalten, insbesondere
das der Übersetzung, des öffentlichen Vortrags
sowie der Übertragung durch Rundfunk und Fernsehen,
auch einzelner Teile.
Kein Teil des Werkes darf in irgendeiner Form
(durch Fotografie, Mikrofilm oder andere Verfahren)
ohne schriftliche Genehmigung des Verlages reproduziert
oder unter Verwendung elektronischer Systeme
verarbeitet, vervielfältigt oder verbreitet werden.
Druck: Memminger MedienCentrum, Memmingen
Printed in Germany
ISBN 3-518-41769-X

1 2 3 4 5 6 – 11 10 09 08 07 06

Inhalt

Vorwort

»Auf mein Leben habe ich das Urheberrecht. Mit dem Recht der freien Gestaltung.
Mit dem Recht den Weg zu finden, der Dichtung und Wahrheit heißt.«
Briefentwurf Wolfgang Koeppens, 16. Januar 1979

Der hundertste Geburtstag Wolfgang Koeppens am 23. Juni 2006 und das
Gedenken an seinen Tod am 15. März 1996 sind Anlaß, nicht des Dichters
Urheberrecht auf sein Leben in Frage zu stellen, aber dem verschlungenen,
sich verzweigenden, oft schwer zu erkennenden oder absichtsvoll in die
Irre führenden Weg zwischen Dichtung und Wahrheit nachzugehen. Er
durchzieht sein Leben wie sein Werk und ähnelt nicht selten den unheimli-
chen, labyrinthischen Gängen in den Carceri des italienischen Kupferstechers Giovanni Battista Piranesi, in denen Koeppen lebenslang seine »poetische Wahrheit« gestaltet sah.
Wolfgang Koeppen bewahrte fast alle ihn betreffenden Dokumente auf.
Seine Hinterlassenschaften, der im Wolfgang-Koeppen-Archiv in Greifswald, in seinem Geburtshaus, versammelte und nun weitgehend erschlos-
sene Nachlaß, eröffnen unbekannte Einsichten in seine persönlichen
Geschicke, in lebensentscheidende Ereignisse, Begegnungen, in wenige
Freundschaften und heftige Liebesgeschichten, vor allem aber in eine von
Bruchstücken, von Fragmenten, Plänen, Ansätzen, Varianten, kleinen, vollendet erscheinenden, aber nicht veröffentlichten Kunststücken überquellende Schreibwerkstatt – wie sein in den letzten Jahrzehnten seines Lebens
immer wieder abgebildetes Arbeitszimmer (s. in diesem Band S. 164), in
dem er inmitten von Papierstapeln sich eingerichtet hatte, vermuten ließ.
Koeppen war auch ein besessener Aufbewahrer von Erinnerungen und Beobachtungen, gesammelt und aufgehoben in einer Sprache, die auf ihrer
Wahrheit insistierte, nicht locker ließ, beharrlich, immer wieder setzend,
verwerfend, neu ansetzend nach dem vollendeten Ausdruck suchte und so
selten mit sich zufrieden schien.
Koeppens Lebenswelt war nicht sonderlich weit ausgespannt. Die Stationen: Greifswald, Masuren, Berlin, dann fünfzig Jahre München, dazwi-
schen in den Dreißigern wenige Jahre wie in einer Enklave in den Nieder-

landen. In den letzten Lebensjahrzehnten weilte er in der Phantasie viel intensiver in Greifswald als in München. Selbst die politischen Risse und Brüche seines Jahrhunderts haben vergleichsweise geringe Spuren in seinem Werk hinterlassen. In den Dokumenten findet sich kein Reflex etwa auf die Katastrophen, nicht einmal auf banalste Ereignisse während des Zweiten Weltkriegs. Koeppen, der große Romancier der deutschen Nachkriegszeit, war nie ein politischer Autor im gängigen Verständnis. Die großen Ausflüge in die verschiedensten Regionen der Welt und die dabei entstandenen Impressionen, die Koeppen als Reiseschriftsteller berühmt machten, prägen seine Person nicht, es ergeben sich keine fortbestehenden neuen Kontakte, es ereignet sich keine Weitung seiner Welt. Denn seine Welt war schon geweitet: in der Vorstellungskraft, der Literatur, dem Geist, die allein die Weite seiner Welt ausmachen.

Die Ausstellung der Münchner Stadtbibliothek sucht all diese vielfach gegeneinander wirkenden Faktoren, ihr fruchtbares wie reibungsreiches Spannungsverhältnis in der Person Wolfgang Koeppens zu präsentieren: Leben und Schreiben, Realität und Fiktion, Privates und Öffentliches, Wahrheit und Phantasie, Roman und Autobiographie, Fremd- und Selbsteinschätzung. Lebensgeschichtliche Passagen und thematische Querschnitte lösen einander ab. Wenn wir Persönliches in den Blick nehmen, ist wissenschaftliche Ehrlichkeit mit dem Respekt vor dem Privaten in Einklang zu bringen. Wir können uns dabei auf Koeppen selbst berufen: »Ich halte es, wie andere Schriftsteller auch, für gut, gewisse Dinge beim Namen zu nennen.« (Wolfgang Koeppen an Henry Goverts, 4. September 1953)

Koeppen hat die literarische Öffentlichkeit mit seinem Schweigen mindestens ebenso beschäftigt wie mit seinem Schreiben. Der Einblick in den Nachlaß und seine Präsentation sind geeignet, den einen oder anderen Mythos zu entzaubern, Realität und Fiktion neu zu gewichten, vorrangig aber das große Œuvre eines singulären und zugleich repräsentativen Schriftstellers des 20. Jahrhunderts in seinen Entstehungszusammenhängen und in seiner Wirkungsgeschichte herauszustellen.

Unser herzlicher Dank gilt Anja Ebner, die uns die Bestände des Wolfgang-Koeppen-Archivs erschlossen und so kundig wie unermüdlich alle Fragen beantwortet hat. Ohne ihre Hilfe wären die Ausstellung und dieses Buch nicht zu realisieren gewesen.

Wir können Koeppens Kindheitsraum betreten und uns dabei leiten lassen von Dokumenten aus dem Nachlaß, dem Greifswalder Stadtplan etwa oder dem Stadtführer für Ortelsburg in Masuren, wir können Ansichtskarten betrachten, alte Fotografien, Zeugnisse. Oder wir folgen Koeppens Blick auf die Bilder des Greifswalder Malers Caspar David Friedrich, den er als junger Mann in der Hamburger Kunsthalle entdeckte: »Seine Bilder haben mich beeinflußt. [...] Ich sah die See und das Land mit seinen Augen.« (Treichel, S. 89) Oder wir lassen uns ein auf Koeppens Imagination, die den Ort der Kindheit in die phantastischen Gefängnisräume des italienischen Kupferstechers Giovanni Battista Piranesi verlegte, Piranesi, »den alten Freund des Kindes« (WKA, Konvolut *Jugend*). Oder wir folgen der Dichtung, dem Prosatext *Jugend* von 1976, der Wahrheit der poetischen Erinnerung also, der »Erinnerung an einen Stadtplan«, wie eine Titelvariante Koeppens für das Buch heißt. Der Sog ist gewaltig, die Orte, die Straßen, Plätze, Gebäude und die Personen seiner Jugendjahre mit den ebenso präzisen wie poetischen Sätzen des siebzigjährigen Verfassers der *Jugend* zu beschreiben und – der nächste verführerische Schritt – von den beschriebenen Ereignissen und ihrer Beurteilung auf die Realität, auf die Lebensumstände direkt zurückzuschließen.

Im Gespräch mit Marcel Reich-Ranicki – wie auch in anderen Interviews – gibt der Autor freilich genügend Fingerzeige zum Verhältnis von Fakten und Fiktionen. »Ob das nun so wörtlich stimmt, weiß ich nicht«, bemerkt er zur Schilderung einer Kindheitsepisode und präzisiert: »Das sind alles Phantasien, Vorstellungen von mir. *Deshalb reden wir ja*«, erklärt Reich-Ranicki, »*um die Phantasie auf die Realität hin zu prüfen. Mir fällt übrigens auf, daß alles, was Sie erzählen, ich glaube Ihnen jedes Wort, das ist alles Roman. –* Ja, das ist alles Roman.« (*Ohne Absicht*, S. 20)

Caspar David Friedrich:
Wiesen bei Greifswald, 1822

» ... die berühmte Silhouette des romantischen Malers, da waren die spielenden Fohlen auf der Weide, die einsamen Männer, die traurig den Mond betrachten, die im Hafen ruhenden schlafenden Boote mit ihren Masten zu Afrikas Küsten in Knabenträumen, die Türme und Dächer von St. Nikolai, St. Jakobi und St. Marie drückten schwer die Gemeinde ...« (Jugend)

»Ich fand Caspar David Friedrich, der wie ich aus Greifswald stammt, und liebte ihn sehr.« (Treichel, S. 89)

Greifswald, Bahnhofstraße; in dem einstöckigen Haus auf der rechten Straßenseite vor dem Fuhrwerk wurde Wolfgang Koeppen geboren.

Die Ausstellung und das Buch widerstehen diesem Sog; sie trennen strikt zwischen Lebensdokumenten und Dichtung. Was freilich nicht immer leicht zu bewerkstelligen ist, hat Koeppen doch auch jenseits des eindeutig als Fiktion ausgewiesenen Prosatextes *Jugend* vieles darangesetzt, seine Kindheit ins Ungewöhnliche, ins Melancholische zu stilisieren, sie in die Aura eines bewußten, gewollten Außenseitertums zu hüllen.

In drei Schritten dokumentieren wir die Orte von Wolfgang Koeppens Kindheit und Jugend:

Der erste Teil dokumentiert Koeppens Jugendjahre (1906 bis 1925) anhand historischer Materialien, überwiegend aus seinem Nachlaß.

Die zweite Passage begleitet Koeppen auf seiner späten Wiederbegegnung mit der Heimat.

Dieser Kindheitsraum verwandelt sich im dritten Teil zum Imaginationsraum für die Arbeit an *Jugend.*

»Vermutlich wollte ich schon im Mutterleib nicht in Greifswald sein.« (WKA, Mappe *Autobiographie*) Schärfer läßt sich Koeppens Abwehr des eigenen Geburtsorts schwerlich ausdrücken – oder stilisieren. »Ich war glücklich, ein glückliches Kind«, auch das äußert Koeppen über seine Kindheit. Welche Erfahrungen dieser Kindheit mögen mit dem Namen »Greifswald« besetzt sein? Viermal ist Koeppen in den ersten zwanzig Jahren seines Leben mit der Stadt unliebsam kollidiert: Das erste Mal bei der Geburt, nach jenem unguten Gefühl im Mutterleib, sah er im ersten Licht der Welt eine unglückliche, alleinstehende Frau mit einem unehelichen, unerwünschten

Kind, erlebte eher ärmliche Verhältnisse, eine verhärmte, soeben verwitwete Großmutter, die von besseren Zeiten träumte. Aber schon 1908/9 übersiedelt die Mutter zu ihrer Schwester nach Ostpreußen.

Das zweite Mal kommen die Köppens, die Mutter mit dem achtjährigen Wolfgang und ihrer Stiefschwester, Tante Olga, Ende August 1914 für einige Monate von dort nach Greifswald zurück – als Flüchtlinge. Man war unter dramatischen Umständen aus Ortelsburg in Masuren geflohen. Der Erste Weltkrieg hatte in Ostpreußen schon in der dritten Kriegswoche auch für die Zivilbevölkerung verheerend begonnen: Ortelsburg wurde von der russischen Armee bombardiert, schwer zerstört und besetzt (bis Hindenburg wenige Tage später in der Schlacht von Tannenberg die Besatzer wieder vertrieb). Die Bevölkerung war Richtung Westen geflohen. Am 1. September 1914 wurde Koeppen in die Greifswalder Knaben-Mittelschule aufgenommen, ein Flüchtlingskind, ein fremder Habenichts unter den Schulkameraden. Der Antrag von »Fräulein M. Köppen« um Schulgelderlaß wird vom Magistrat abschlägig beschieden.

Ein drittes Mal kehrt Koeppen mit der Mutter im Frühjahr 1919 nach Greifswald zurück. Der Erste Weltkrieg ist zu Ende. Die Mutter zieht es wieder in die attraktivere Universitätsstadt, sie findet schließlich eine Anstellung als Souffleuse am Stadttheater. Der Schüler Wolfgang wird – nach dem Realprogymnasium in Ortelsburg – erneut in die Knaben-Mittelschule geschickt, angeblich aus Kostengründen. Das Ortelsburger Zeugnis vom Dezember 1918 ist freilich so miserabel, daß »eine Versetzung zu Ostern fast aussichtslos« erscheint. Er besucht die Tertia (damals die

12

Ich bin in Greifswald geboren,war aber nicht viel in
Greifswald.Vermutlich wollte ich schon im Mutterleib
nicht in Greifswald sein.Dennoch sind einige Erinnerungen
da,die der Empfindung Heimat nahe kommen.Da ist der
alte Friedhof in der Wolgasterstrasse mit dem Blick auf die
Kessel der Gasanstalt,dem auf Luthers und Gustav Adolfs
feste Burgen und bei günstiger Sicht auf ein Schiff
auf dem Ryck.Ein Hafenarbeiter,ein Bollwerks=
bruder,wie man in Greifswald sagte,ging betrunken,wie
die Greifwalder Zeitung schrieb,in den Fluß und
ka und nicht wieder raus.Ich sah ihn versinken,ein Haupt
voll Kummer,und es prägte mein Greifswalder Heimatgefühl,
zu dem sich später Caspar David Friedrich gesellte,
die Klosterruine Eldena,die Männer am Meer,die den Mond
betrachten.

und noch heute träume ich,dass ich in Greifswald bin
und nicht wieder abreisen kann,sei es,weil ich kein
Geld für die Fahrkarte habe oder weil das Vormundschafts-
gericht micht festhält.Ich schreie dann.

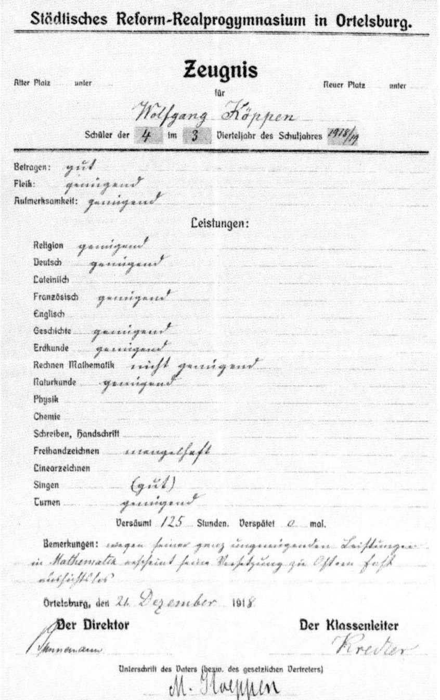

Zeugnis der 4. Klasse des Reform-Realprogymnasiums in Ortelsburg, 21. Dezember 1918: »Versäumt 125 Stunden. Wegen seiner ganz ungenügenden Leistungen in Mathematik erscheint seine Versetzung zu Ostern fast aussichtslos.«

Paßfoto von 1922

5. Klasse), wird aber nach den Sommerferien wieder in die 4. Klasse, die Quarta, zurückgestuft – eine neue Degradierung.

Ein letztes Mal hält sich Koeppen in seiner Jugend nach dem Tod der Mutter 1925 in Greifswald auf. Er war aus dieser Stadt zuvor geflohen, als Kochjunge zur See gefahren, hatte sich als Gelegenheitsarbeiter in Hamburg verdingt, am Stadttheater von Putbus eine kleine Rolle in dem Lustspiel *Im weißen Röss'l* gespielt, einen Vertrag mit dem Wismarer Theater als Schauspieler-Volontär angetreten und schon wieder gebrochen, war für kurze Zeit zurückgekommen ans Greifswalder Stadttheater. Er hatte sich in seiner Traumstadt, in Berlin, durchgeschlagen, Literatenluft geatmet und war gescheitert. Die Mutter schreibt ihm verzagte und vorwurfsvolle Briefe. Sie ist – 48jährig – an einem Gehirntumor unheilbar erkrankt, sieht ihren Sohn noch immer auf keinem soliden Lebensweg und ohne hinreichendes Auskommen. Sie stirbt im November 1925. Für ein paar Monate bleibt Koeppen nach dem Begräbnis in Greifswald, liest, gedenkt der Mutter, sinniert über sein Leben:

»Es ist ein Abend im April 1926. Wind und Regen weht über Greifswald. Ich sitze an meinem improvisierten Schreibtisch in der Dachstube, meiner Wohnung in der Langen-Reihe. Und vor mir steht Dein Krankenbild, Dein Sterbebild, und vor mir liegt das Heft, dessen Inhalt Du (sein solltest) und der zu höchst Torso blieb in den Tagen nach Deinem Tode. [...] (Mich hatte diese fünf Monate Berlin. Ich wollte Alles dort erringen. Wahr

14

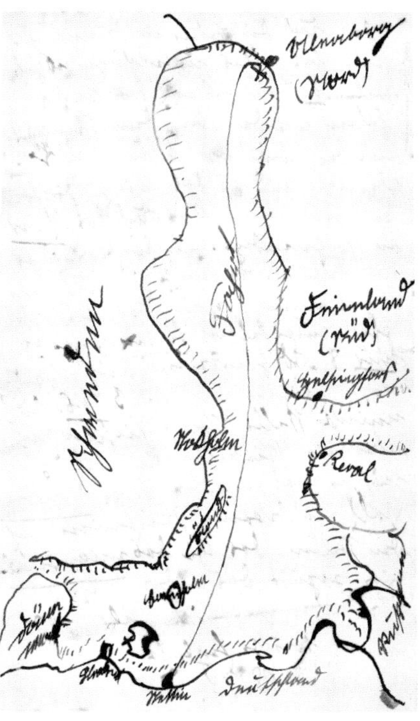

sollten alle Träume werden. Und ich habe nichts gewonnen als neue Träume in Stimmungen in der Stadt. Ich habe obdachlos, von Fieber geschüttelt, im Schneetreiben gefroren, bin durchnäßt und hungrig durch die jagenden Straßen getaumelt, habe geweint über einen Hund, der überfahren wurde, über Larven, die ›Prost Neujahr‹ schrien, über blinde Bettler, über die ganze Welt und über mich in kalten, fremden Zimmern. […])« (*Phantasieroß*, S. 19)

Zur »Erfahrung« Greifswald gehört eine Leerstelle, ein blinder Fleck – der Vater. Was wir wissen: Sein Name ist Dr. Reinhold Halben, geboren 1877 in Altona, Lehrersohn, seit 1903 Privatdozent der Augenheilkunde in Greifswald, 1908 erhält er die Kassenzulassung als Augenarzt. Er ist ein eifriger Freizeitsportler in extravaganten Sportarten. Ein undatierter Zeitungsausriß (aufbewahrt von der Mutter) meldet ihn als Gewinner einer Schlittschuh-Segelregatta beim Eisfest auf dem Greifswalder Bodden. Vor allem aber ist er Ballonflieger. Seit der Gründung 1908 ist er Erster Vorsitzender der Sektion Vorpommern des »Pommerschen Vereins für Luftschiffahrt«. Im *Greifswalder Tageblatt* erzählt er in einem langen Artikel von der fünfstündigen Fahrt des »Pommern« am 28. Februar 1909: »Loslassen! Majestätisch schwebt der Ballon zur Höhe. 12.04 Uhr. Schnell ein paar Grüße den jubelnden Zuschauern zugewinkt, dann heißt es: aufpassen. Nicht lange soll es uns beschieden sein, Greifswald von oben zu betrachten. Nach zwei Minuten passieren wir die Bahnhofstraße zwischen katholischer Kir-

Das Seefahrtsbuch, ausgestellt in Stettin, 28. Juni 1922

Wolfgang Koeppen skizzierte die Route seiner ersten Fahrt von Stettin nach Finnland in einem Brief an Olga Köppen.

»Ich fuhr zur See und suchte Utopia. Die Matrosen blickten nach kleinbürgerlichen Küsten aus.« (*Umwege zum Ziel*)

Aufnahme beim Start des Ballons »Pommern« in Pase-walk, mit dem auch Koeppens Vater geflogen ist, um 1910

Ausschnitt aus dem autobiographischen Entwurf »Geburtstag von W. K. 23. Juni 1906«

Vom fernen Vater gibt es im Nachlaß nur ein paar von der Mutter aufbewahrte undatierte Zeitungsausrisse über Sportsiege des Dr. Halben oder über seine ärztliche Tätigkeit.

che und Kreishaus schon hoch in den Lüften, um schnell darauf über dem Güterbahnhof die Geleise passierend in die Wolken zu tauchen.« Unten in der Bahnhofstraße 4 wohnt die Mutter seines Sohnes. Noch vor dem Ersten Weltkrieg übersiedelt er nach Berlin und eröffnet dort eine Praxis. Die Angaben darüber, wann der Junge von der unehelichen Geburt und dem Namen des Vaters erfahren hat, schwanken erheblich. Das eine Mal erzählt Koeppen, wie ihn die Mutter schon als Zweijährigen auf den Ballon oben in den Lüften aufmerksam gemacht hat. Ein anderes Mal will er erst im Zusammenhang mit einem Verfahren um die Anerkennung der Vaterschaft und die Verweigerung weiterer Alimentezahlungen über seinen Vater in den frühen zwanziger Jahren aufgeklärt worden sein. Im Gespräch mit Marcel Reich-Ranicki 1985 betont der neunundsiebzigjährige Koeppen, wie stolz er gewesen sei, »keinen Vater zu haben«.

Eines bleibt in den zahlreichen Variationen seiner biographischen Aussagen konstant: Seine Geburt fällt genau auf den Kreuzungspunkt zweier Linien: die absteigende der Mutter und die aufsteigende des Vaters. Die Herkunft der Mutter, der Großmutter, hat Koeppen stets ins Wohlhabende, ins Bessere, Feinere verlegt, die des Vaters ins Geringere, in ein eher dürftiges Milieu, aus dem er aufgestiegen ist. Dabei war der Großvater Erhard Köppen nach seiner Sterbeurkunde Kuhhirt, und ein Pommersches Gut besaß die Familie nie, der Vater Halbens war Seminaroberlehrer und also der Akademikerschicht zugehörig. Diese beiden Linien werden von Koeppen noch vor ihrer Fiktionalisierung in *Jugend* in Bildern sinnfällig gemacht: im Schicksal des »gefallenen« Mädchens, das unten, am Boden bleibt, am Niedersten in der gesellschaftlichen Rangliste, und dem im Ballon in strahlende Höhen aufsteigenden Vater, der in Koeppens Phantasie bald schon zum Universitätsprofessor an der Charité aufsteigt (wo er nachweisbar nie lehrte), der noch nach Aussage seines Sohnes im Gespräch mit Reich-Ra-

»November war es, als das Leiden begann: es kamen die Schmerzen. Und sie stürzten sich auf eine zarte Dame, meine Mutter Maria, die (zu dieser Zeit) die besten Stunden des Tages und die halbe Nacht im Stadttheater Greifswald den Schauspielern soufflierend verbrachte.« *(Der Tod meiner Mutter Maria)*

Vorhang auf! Zeitschrift des Lokalverbandes Greifswald der Genossenschaft Deutscher Bühnenangehöriger, mit Foto: Maria Köppen, Einhelferin

nicki einen Ballon »besaß«. In Koeppens oder besser im Nachlaß seiner Mutter, der auf ihn gekommen ist, gibt es vom Vater keine anderen Zeugnisse als einige Zeitungsausrisse von Dr. Halbens Praxiseröffnung, von einem ersten Platz bei einem sportlichen Wettbewerb, von einem Ballonunfall, Überweisungsabschnitte von Alimenten und die Korrespondenz der Mutter mit Ämtern und Anwälten um die Anerkennung der Vaterschaft und Forderungen nach höheren Zahlungen, die sie dringend brauchte. Schließlich den langen Klagebrief einer Frau, die der Vater später zwar geheiratet, aber anscheinend ebenfalls hat sitzenlassen. Einmal, als Koeppen inkognito reisen wollte, hatte er ein Zimmer in einem Hotel in Frankreich (1960) als Reinhold Halben reserviert. Und in seinem Filmentwurf *Bei Betty* (um 1948) hat er einen Dr. Halben schon im ersten Bild ermorden lassen.

Olga Angelika Köppen, die Tochter Emilie Köppens aus erster Ehe, von Koeppen Tante Olla genannt, wird seine vertrauteste Briefpartnerin bis zu ihrem Tod 1952.

Der Nennonkel Theodor Wille, Architekt und preußischer Baurat.

»Ich wuchs im Hause eines Mathematikers auf. Er wollte mich für die Magie der Zahlen begeistern. Wenn er den Weihnachtsbaum schmückte, berechnete er vorher die Kurve der Erdumdrehung. Über jedem Tun wurde es Nacht, und meine Tante weinte. Ich fürchtete die Vernunft und mißtraute den Gleichungen. Erst nach seinem Tode wußte ich, daß mein Onkel einsam gewesen war, und als ich de Broglie, Jeans, Rutherford, Einstein, Planck zu begreifen versuchte, bereute ich, die Gabe des strengen Mathematikers verschmäht zu haben.« (Umwege zum Ziel)

Das glückliche Kind? Das gab es in Ortelsburg. Maria Köppen (in amtlichen Dokumenten ist ihr Beruf zunächst mit Schneiderin angegeben) war nach dem Tod ihrer eigenen Mutter zu ihrer Stiefschwester Olga Köppen gezogen, die Theodor Wille, einem preußischen Baurat, den Haushalt führte und später dessen Lebensgefährtin wurde. (Olgas Bruder Arthur, ein Stiefbruder der Mutter also, arbeitete für Standard Oil in Japan und verlieh gelegentlich dem Ortelsburger Alltag einen Hauch exotischer Atmosphäre.) Theodor Wille arbeitete zunächst in Thorn, später in Ortelsburg und war dort mit dem Wiederaufbau der zerstörten Stadt beauftragt. Sechs prägende Kinderjahre hat Koeppen in dem stattlichen Beamtenhaus verbracht, in der kleinen Stadt mit dem Haussee, mit Wiesen, Feldern, Pferden. Gewiß, der »Onkel«, den er lebenslang siezte, scheint distanziert gewesen zu sein, aber das kulturelle Klima in seinem Haus, eine wohl umfangreiche Bibliothek, Zeitungen, Kunst, die Begegnung mit den Radierungen des Piranesi, all dies hat das Kind beeindruckt – weit mehr als der Schulunterricht, dem es so oft als möglich fernblieb. Den Kontakt zur Tante Olga (auch Olla genannt) hält er aufrecht, ihr vertraut er in langen Briefen seine Sorgen, seine intimsten Nöte an.

Der Krieg verhungerte.

Ich kam weg von Masuren.

Ich bin nicht zurückgekommen.

Es ist lange her.

Doch blieb im Kopf die 1914 zerschossene kleine Stadt ~~Ortel~~

Ortelsburg,die sagenhaften Winter mit Schnee und Eis,

das Paradies der Seen und der Wälder,die heissen Sommer

der Jugend.Es war ein Reich der Pferde.Die Pferde

zogen die Schlitten,die Wagen,den Pflug.Die Pferde

waren meine Freunde.Sie grasten mit ihren Fohlen

rings um den See.Das Kind presste sein Gesicht

gegen den warmen Hals der jungen Tiere.Ich ~~sürte~~ *fühlte*

das saubere trockene Fell,den unruhigen Puls,ihr Blut,

,ihr in der Welt sein.Das war das Leben.Es lebt ~~noch~~ *weiter*

in Ortelsburg.

vor der
Haustür

Ortelsburg in der Rückschau und in der Gegenwart, obschon Koeppen es persönlich nie wiedergesehen hat: »*Ich bin nach Ortelsburg gekommen mit meinem Onkel, bei dem ich als Kind lebte. Dieser Onkel war Baumeister im Staatsdienst und wurde nach Ortelsburg versetzt. Er leitete das Königliche Hochbauamt und baute in Masuren Kirchen, Schulen, Rathäuser und träumte von den Bauwundern des Palladio in Venedig und Vicenza. So kam ich nach Ortelsburg, und es fing die Schule an. Meiner Mutter waren Stadt und Land fremd. Sie zitierte einen blöden Spruch: › Wo sich aufhört das Kultur, das sich anfängt der Masur.‹ Ortelsburg heißt jetzt Szczytno. Ist der Ort der Kindheit verloren, in der Zeit verschwunden? Ich will nicht als Fremder in die Fremde kommen. Ich sehe Ortelsburg wieder, ich erkenne es, und plötzlich überrascht mich die Schönheit Masurens. Das Kind nahm einmal alles hin. Ich lebte dort, ich spielte dort. Ich lernte Latein.*«
(Es war einmal in Masuren)

Im sogenannten Beamtenhaus in Ortelsburg lebte Baurat Theodor Wille mit Olga Köppen, deren Schwester Maria und Wolfgang vom Beginn des Ersten Weltkriegs bis 1919.

Das war der Einzug der Familie von Süde in das für die Verhältnisse des Ortes sehr groß, beinahe palaisartig gebaute Haus des Beamten, dessen oberstes Geschoß der Baumeister in Wohnung und Büro geteilt hatte. Das Haus lag am Fiogattenweg, und man konnte von oben den See und sein Tal übersehen. Vor dem Haus, zwischen seinem Vorgarten und dem See war das große Grundstück des Zimmermanns Korski, der auf ihm in einem kleinen dörflichen Wohnbau eine vielköpfige Familie ernährte. Nach rückwärts gelegen, den freiesten Ausblick sollte des Baumeisters Küchenfenster bieten, war hinter dem Haus ein weiter Hof, dem Gärten und Felder folgten, die von der Bahnlinie unterbrochen wurden, um dann bis zum Wald den jahreszeitlichen Anblick der Roggen-, Kartoffel-, Hafer- oder Buchweizenfelder zu bieten. Im Winter aber war monatelang das Land von der ungeheuren Fläche einer einzigen Schneedecke weiß und großartig verändert.

(Die Mauer schwankt)

Riesige Wälder, weite Seen, Berge und Täler von tausend Flüssen durchschnitten

Zeitgenössische Postkarte vom
Niedersee in Masuren

*Der Amerikaner fährt tagelang nach Kanada, um in der Einsamkeit der großen
Wälder sich beim Fischfang zu erholen. Der Deutsche brauchte zum gleichen Tun nur
einen halben Tag lang nach Nikolaiken beispielsweise zu fahren. In diesem im Wald
versteckten Fischerdorf am großen Spirdingsee könnte er gut sein ganzes Jahrhundert
vergessen und sich einzig dem Erleben einer starken Natur hingeben.*
(Die Schönheit Ostpreußens [anonym erschienen] in: Berliner Börsen-
Courier vom 25.6.1933)

*Über Dächer, von Türmen gesehen, der große Haussee. Mir war, als erkannte ich ihn
erst jetzt, den wundersamen Freund meiner Jugend. Die heißen Badesommer, das
dichte Schilf am Ufer, im Boot ruderte man zum Wald. Das Kind fühlte sich geschützt in seiner Einsamkeit. Schwere Gewitter. Das Schilfrohr hält Blitz und Donner ab. Der Donner grollt mächtig.*
(Es war einmal in Masuren, 1991)

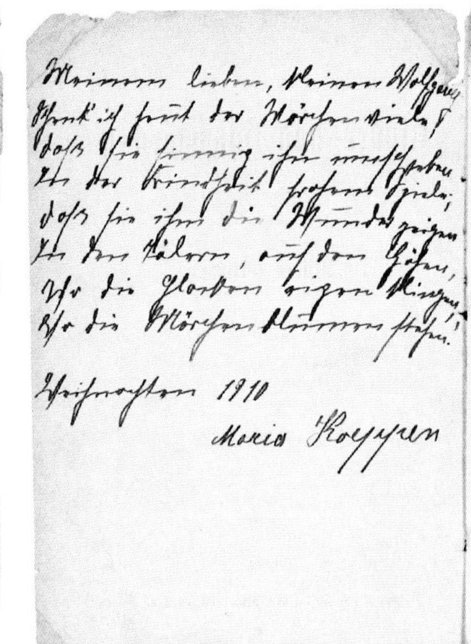

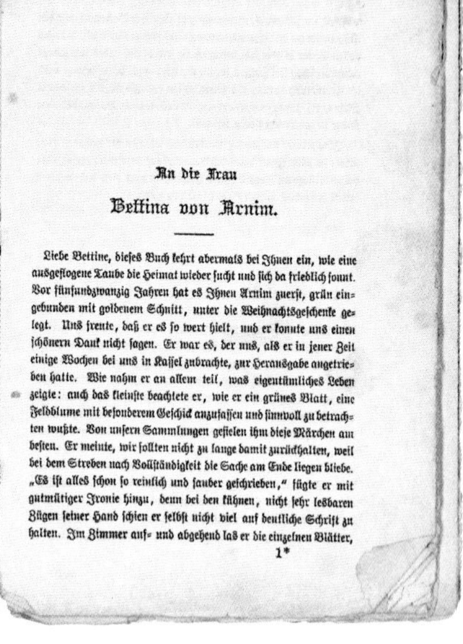

An die Frau

Bettina von Arnim.

Liebe Bettine, dieses Buch kehrt abermals bei Ihnen ein, wie eine ausgeflogene Taube die Heimat wieder sucht und sich da friedlich sonnt. Vor fünfundzwanzig Jahren hat es Ihnen Arnim zuerst, grün eingebunden mit goldenem Schnitt, unter die Weihnachtsgeschenke gelegt. Uns freute, daß er es so wert hielt, und er konnte uns einen schönern Dank nicht sagen. Er war es, der uns, als er in jener Zeit einige Wochen bei uns in Kassel zubrachte, zur Herausgabe angetrieben hatte. Wie nahm er an allem teil, was eigentümliches Leben zeigte: auch das kleinste beachtete er, wie er ein grünes Blatt, eine Feldblume mit besonderem Geschick anzufassen und sinnvoll zu betrachten wußte. Von unsern Sammlungen gefielen ihm diese Märchen am besten. Er meinte, wir sollten nicht zu lange damit zurückhalten, weil bei dem Streben nach Vollständigkeit die Sache am Ende liegen bliebe. „Es ist alles schon so reinlich und sauber geschrieben," fügte er mit gutmütiger Ironie hinzu, denn bei den kühnen, nicht sehr lesbaren Zügen seiner Hand schien er selbst nicht viel auf deutliche Schrift zu halten. Im Zimmer auf- und abgehend las er die einzelnen Blätter,

1*

Koeppens Reclamausgabe der *Kinder- und Hausmärchen* der Brüder Grimm mit Widmungsgedicht der Mutter von 1910

Meinem lieben kleinen Wolfgang / Schenk' ich heut der Märchen viele, / Daß sie sinnig ihn umschweben / In der Kindheit frohem Spiele; / Daß sie ihm die Wunder zeigen / In den Tälern, auf den Höhen, / Wo die Glocken eigen klingen, / Wo die Märchenblumen stehen.

Weihnachten 1910 / Maria Koeppen

Der Raum für das Kinderglück? »Ich war glücklich, ein glückliches Kind, und wurde ein nie ganz unglücklicher Leser.« (*In den alten Zeiten, GW 5*, S. 330) Noch bevor er »Alphabet geworden war«, vom allerersten Anfang an, befindet sich dieser Raum für Wolfgang Koeppen dort, wo das Reich der Erzählung beginnt, das der Märchen.

»Meine Mutter liebte Märchen und wurde, während sie mir Märchen erzählte, selbst zu einer Gestalt der Märchenbücher, Scheherazade der Tausendundeine Nacht. […] Ihr Gesicht, die aufgeschlagene Schrift, auch ich, wir waren eins im sanften Schein einer Büroleuchte mit grünem Schirm und einem schönen Kranz gelber Perlen. […] Ich hing an den Lippen meiner Mutter. Ich war vier Jahre alt. Meine Mutter schenkte mir Aladins Wunderlampe. Ich besitze sie noch. Ich habe sie nie verloren.« (*Der geborene Leser, GW 5*, S. 322) Den Märchen folgen die Abenteuerbücher und bald schon die Dichtung. »Die folgenreichste und glücklichste Tat in meinem Lebenslauf war, wenn ich rückblickend von ihr sprechen darf, die Übung des Lesens. So eröffnete sich mir früh schon neben der enttäuschenden rea-

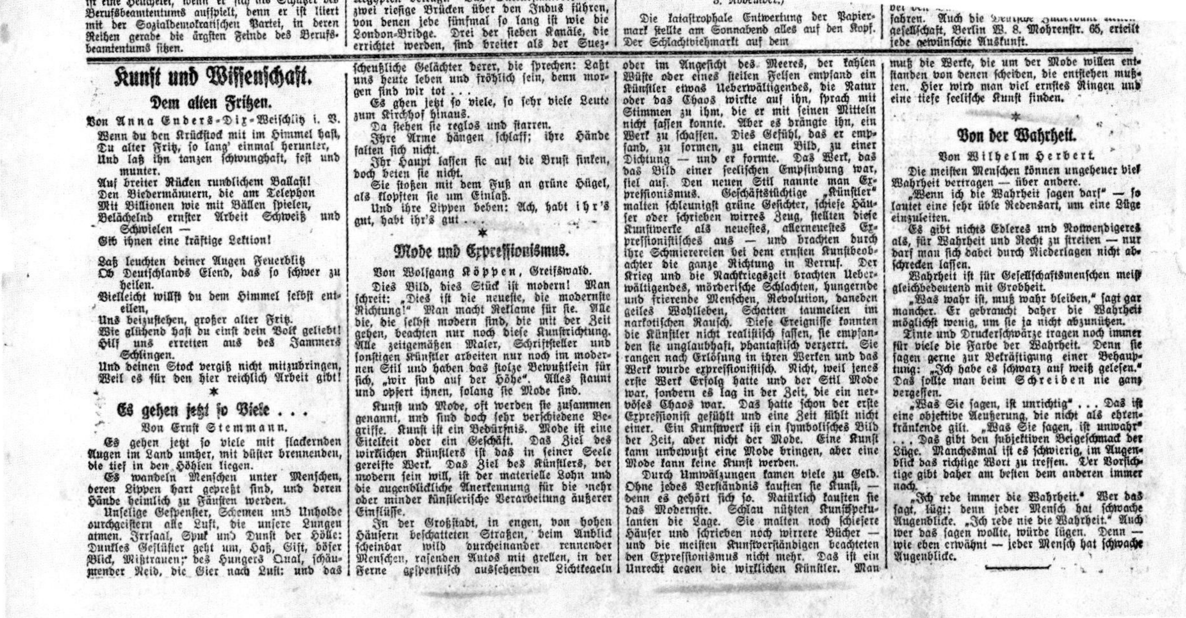

ist eine Heuchelei, wenn er sich als Schützer des Berufsbeamtentums aufspielt, denn er ist liiert mit der Sozialdemokratischen Partei, in deren Reihen gerade die ärgsten Feinde des Berufsbeamtentums sitzen.

Kunst und Wissenschaft.

Dem alten Fritzen.

Von Anna Enders-Dix-Weischlitz i. V.

Wenn du den Krückstock mit im Himmel hast,
Du alter Fritz, so lang' einmal herunter,
Und laß ihn tanzen schwunghaft, fest und
    munter.
Auf breiter Rücken rundlichem Ballast!
Den Biedermännern, die am Telephon
Mit Billionen wie mit Bällen spielen,
Belächelnd ernster Arbeit Schweiß und
    Schwielen —
Gib ihnen eine kräftige Lektion!

Laß leuchten deiner Augen Feuerblitz
Ob Deutschlands Elend, das so schwer zu
    heilen.
Vielleicht willst du dem Himmel selbst ent-
    eilen,
Uns beizustehen, großer alter Fritz.
Wie glühend hast du einst dein Volk geliebt!
Hilf uns erretten aus des Jammers
    Schlingen.
Und deinen Stock vergiß nicht mitzubringen,
Weil es für den hier reichlich Arbeit gibt!

*

Es gehen jetzt so Viele . . .

Von Ernst Stemmann.

Es gehen jetzt so viele mit flackernden Augen im Land umher, mit düster brennenden, die tief in den Höhlen liegen.

Es wandeln Menschen unter Menschen, deren Lippen hart gepreßt sind, und deren Hände heimlich zu Fäusten werden.

Unselige Gespenster, Schemen und Unholde durchgeistern alle Luft, die unsere Lungen atmen. Irrsaal, Spuk und Dunst der Hölle: Dunkles Geflüster geht um, Haß, Gift, böser Blick, Mißtrauen; des Hungers Qual, schäumender Neid, die Gier nach Lust: und das scheußliche Gelächter derer, die sprechen: Laßt uns heute leben und fröhlich sein, denn morgen sind wir tot . . .

Es gehen jetzt, so sehr viele Leute zum Kirchhof hinaus.

Da stehen sie reglos und starren. Ihre Arme hängen schlaff; ihre Hände falten sich nicht.

Ihr Haupt lassen sie auf die Brust sinken, doch beten sie nicht.

Sie stoßen mit dem Fuß an grüne Hügel, als klopften sie um Einlaß.

Und ihre Lippen beben: Ach, habt ihr's gut, habt ihr's gut . . .

Mode und Expressionismus.

Von Wolfgang Köppen, Greifswald.

Dies Bild, dies Stück ist modern! Man schreit: „Dies ist die neueste, die modernste Richtung!" Man macht Reklame für sie. Alle, die selbst modern sind, die mit der Zeit gehen, beachten nur noch diese Kunstrichtung. Alle zeitgemäßen Maler, Schriftsteller und sonstigen Künstler arbeiten nur noch im modernen Stil und haben das hohe Bewußtsein für sich, „mir sind auf der Höhe". Alles staunt und opfert ihnen, solang die Mode sind.

Kunst und Mode, oft werden sie zusammen genannt, und sind doch zwei verschiedene Begriffe. Kunst ist ein Bedürfnis. Mode ist eine Eitelkeit der Zeit. Das Ziel des wirklichen Künstlers ist das in seiner Seele gereifte Werk. Das Ziel des Künstlers, der modern sein will, ist der materielle Lohn und die augenblickliche Anerkennung für die mehr oder minder künstlerische Verarbeitung äußerer Einflüsse.

In der Großstadt, in engen, von hohen Häusern beschatteten Straßen, beim Anblick scheinbar wild durcheinander rennender Menschen, rasender Autos mit grellen, in die Ferne gespenstisch aussehenden Lichtkegeln oder im Angesicht des Meeres, der kahlen Wüste oder eines steilen Felsen empfand ein Künstler etwas Ueberwältigendes, die Natur oder das Chaos wirkte auf ihn, sprach mit Stimmen zu ihm, die er mit seinen Mitteln nicht fassen konnte. Aber es drängte ihn, ein Werk zu schaffen. Dies Gefühl, das er empfand, zu formen, zu einem Bild, zu einer Dichtung — und er formte. Das Werk, das das Bild einer seelischen Empfindung war, fiel auf. Den neuen Stil nannte man Expressionismus. Geschäftstüchtige „Künstler" malten schleunigst grüne Gesichter, schiefe Häuser oder schrieben wirres Zeug, stellten diese Kunstwerte als neuestes, allerneuestes Expressionistisches aus — und brachten durch ihre Schmierereien bei dem ernsten Kunstbeobachter die ganze Richtung in Verruf. Der Krieg und die Nachkriegszeit brachten Ueberwältigendes, mörderische Schlachten, hungernde und frierende Menschen, Revolution, daneben geiles Wohlleben, Schatten taumelten im narkotischen Rausch. Diese Ereignisse konnten die Künstler nicht realistisch fassen, sie empfanden sie unglaubhaft, phantastisch verzerrt. Sie rangen nach Erlösung in ihren Werken und das Werk wurde expressionistisch. Nicht, weil jenes erste Werk Erfolg hatte und der Stil Mode war, sondern weil log in der Zeit, die ein böses Chaos war. Das hatte schon der erste Expressionist gefühlt und eine Zeit fühlt nicht einer. Ein Kunstwerk ist ein symbolisches Bild der Zeit, aber nicht der Mode. Eine Kunst kann unbewußt eine Mode bringen, aber eine Mode kann niemals eine Kunst werden.

Durch Umwälzungen kamen viele zu Geld. Ohne jedes Verständnis kauften sie Kunst, denn es gehört sich so. Natürlich kauften sie das Modernste. Schlau nützten Kunstspekulanten die Lage. Sie malten noch schiefere Häuser und schrieben noch wirrere Bücher — und die meisten Kunstverständigen beachteten den Expressionismus nicht mehr. Das ist ein Unrecht gegen die wirklichen Künstler. Man muß die Werke, die um der Mode willen entstanden von denen scheiden, die entstehen mußten. Hier wird man viel ernstes Ringen und eine tiefe seelische Kunst finden.

*

Von der Wahrheit.

Von Wilhelm Herbert.

Die meisten Menschen können ungeheuer viel Wahrheit vertragen — über andere.

„Wenn ich die Wahrheit sagen darf" — so lautet eine sehr üble Redensart, um eine Lüge einzuleiten.

Es gibt nichts Edleres und Notwendigeres als, für Wahrheit und Recht zu streiten — nur darf man sich dabei durch Niederlagen nicht abschrecken lassen.

Wahrheit ist für Gesellschaftsmenschen meist gleichbedeutend mit Grobheit.

„Was wahr ist, muß wahr bleiben," sagt gar mancher. Er gebraucht daher die Wahrheit möglichst wenig, um sie ja nicht abzunützen.

Tinte und Druckerschwärze tragen noch immer für viele die Farbe der Wahrheit. Denn sie sagen gerne zur Bekräftigung einer Behauptung: „Ich habe es schwarz auf weiß gelesen." Das sollte man beim Schreiben nie ganz vergessen.

„Was Sie sagen, ist unrichtig" . . . Das ist eine objektive Aeußerung, die nicht als ehrenkränkende gilt. „Was Sie sagen, ist unwahr" . . . Das gibt den subjektiven Beigeschmack der Lüge. Manchesmal ist es schwierig, im Augenblick das richtige Wort zu treffen. Der Vorsichtige gibt daher am besten dem anderen immer nach.

„Ich rede immer die Wahrheit." Wer das sagt, lügt; denn jeder Mensch hat schwache Augenblicke. „Ich rede nie die Wahrheit." Auch wer das sagen wollte, würde lügen. Denn — wie eben erwähnt — jeder Mensch hat schwache Augenblicke.

Der erste Feuilletonartikel *Mode und Expressionismus* in der *Greifswalder Zeitung* vom 6. November 1923

---

len Welt eine andere verheißungsvolle, eine Über-, Unter, Vorder- und Hinterwelt, eine unauslöschliche Freude, ein Astralgebilde, das mir zum archimedischen Punkt meiner Existenz wurde [...].« (*Eine schöne Zeit, GW* 5, S. 310)

Was Koeppen in *Märchendank* über sein lebenslanges Verhältnis zu den Märchen schreibt, gilt ihm für die Dichtung überhaupt: »Ich hatte früh erkannt, daß mein Leben ein Märchen ist. Ich habe meinem Märchen vertraut und so auch dem Bösen, das mir widerfahren konnte und geschah.« (*Märchendank, GW* 5, S. 347)

1972 wird er in einem Interview dieses Verständnis des In-der-Welt-Seins auf die Literatur ausweiten und zur Begründung für seine Schreibschwierigkeiten heranziehen: »Ich lebe in einem Roman, und das mindert meinen Willen, ihn zu schreiben. [...]« (Treichel, S. 63)

Nach dem Abbruch der Schule im Sommer 1920, »sobald das Gesetz es erlaubte« (*Phantasieroß*, S. 109), also mit 14 Jahren, und mit der ersten Anstellung beim Buchhändler August Alt in der Greifswalder Buchhandlung Winter & Looke weitet sich ihm das Reich der Literatur, der Zeitschriften, der Neuerscheinungen ins Großartige. 1963 erinnert er sich anläßlich der Eröffnung einer Münchner Bücherstube an seinen tiefen Eindruck, den eine Lesung Rudolf Bindings in Greifswald (eine tatsächliche oder eine imaginierte) bei ihm hinterlassen hatte: »die alten Häuser, der kleine Fluß, die Türme und der Himmel leuchten, nicht von Binding, aber von Trakl, Stadler, Heym, Lichtenstein, Benn und dem Prinzen von Theben in Brand

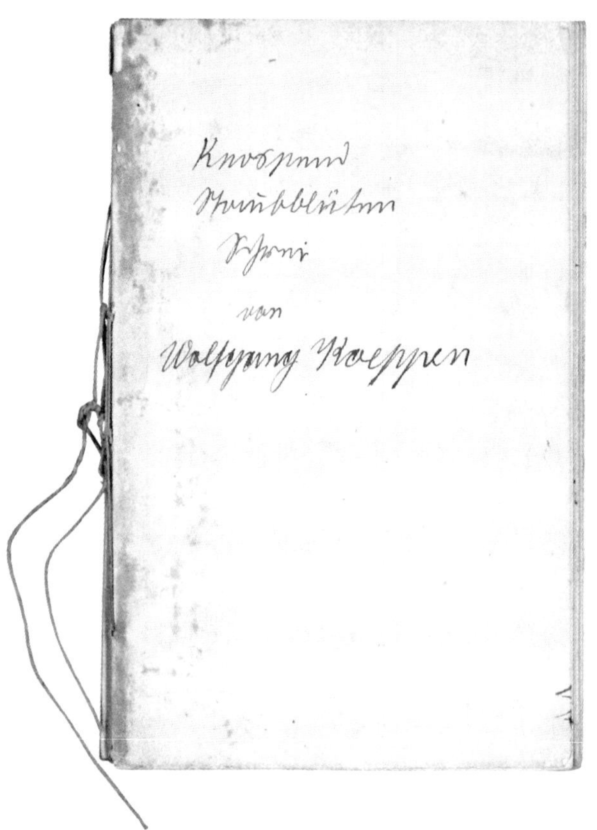

Schulheft mit der handschriftlichen Gedichtsammlung
Knospen / Staubblüten / Schrei
aus dem Jahr 1924

gesetzt.« (*Eines Buchhändlers Kunde, GW* 5, S. 163) Heftig angefacht wird vor allem seine eigene Berufung: ebenfalls schreiben, dichten, expressionistisch dichten. In der *Greifswalder Zeitung* veröffentlicht der Siebzehnjährige einen Aufsatz über *Mode und Expressionismus,* weder einfältig noch ahnungslos und durchaus einen eigenen Standpunkt vertretend. Eine Schulkladde füllt sich mit Gedichten, in Ton und Gestus ganz Expressionismus. Titelblatt: »Knospen, Staubblüten, Schrei von Wolfgang Koeppen«. 1924 schickt er sie an keinen Geringeren als den Kurt Wolff Verlag – und erhält sie am 26. Juni desselben Jahres mit einem negativen Bescheid zurück, begründet, ohne Qualitätsurteile, mit »den berechtigten Interessen und Anforderungen unseres langjährigen Autorenkreises« (WKA). An die Mutter sendet er am 16. August 1924 seinen ersten maschinegeschriebenen Brief (auf der Schreibmaschine der Universitätsbibliothek in Berlin): »Mein fataler Pessimismus hat jetzt seinen Höhepunkt erreicht! […] Rätst du es noch mal mit einem Verlag zu versuchen? Ist wohl zwecklos Druckkosten kann ich ja doch nicht bezahlen. […] Am meisten auf der Welt muss man das Geld hassen! Man muss!« (WKA)

Im Herbst 1926 kehrt er Greifswald als Wohnort endgültig den Rücken und geht für die Spielzeit 1926/27 als Dramaturgie- und Regieassistent an das Würzburger Stadttheater.

rechte Seite:
Ablehnender Bescheid des
Kurt Wolff Verlages
über Koeppens
Gedichtsammlung

KURT WOLFF VERLAG A.-G.
MÜNCHEN LUISENSTRASSE 31
BANKKONTO BANKHAUS H. AUFHÄUSER MÜNCHEN LÖWENGRUBE 20
POSTSCHECKKONTO MÜNCHEN 18901 LEIPZIG 50799
TEL.-ADR.: WOLFFVERLAG MÜNCHEN
FERNRUF 55316

Ha/K

26.6.24

Herrn Wolfgang Koeppen

Greifswald
=============
Gützkowerstr.83

Sehr geehrter Herr:

Wir danken Jhnen für die frdl. Zusendung des Manuskriptes Jhrer Gedichtsammlung.

Unser Produktionsplan für 1924 ist abgeschlossen und so stark überlastet,dass wir uns leider versagen müssen, neue Verbindungen einzugehen. Unter den gegenwärtigen wirtschaftlichen Verhältnissen ist es uns nicht einmal möglich, in dem Masse, wie es wünschenswert wäre, den berechtigten Jnteressen und Anforderungen unseres langjährigen Autorenkreises gerecht zu werden.

Wir bedauern,Jhnen keinen günstigeren Bescheid geben zu können und lassen das Manuskript gleichzeitig eingeschrieben an Jhre Adresse zurückgehen.

Mit vorzüglicher Hochachtung

KURT WOLFF VERLAG A-G.

1990 die Heimkehr des großen Sohnes, des Schulflüchtlings, direkt in die Arme der Alma mater. Die Universität Greifswald verleiht dem Schriftsteller Wolfgang Koeppen die Würde eines Doktors honoris causa. Und der macht aus seiner Dankesrede einen Bildungsroman, einen etwas hochstapelnden, spielt raffiniert mit dem Vokabular der akademischen Laufbahn. »Ich kündigte die Schule«, erklärt er da, »ich versetzte mich auf die Universität«, dann »eroberte ich mir den Lesesaal«. Listig heißt es dann weiter: »Mein Spiel galt nicht einem Diplom oder der Aussicht auf einen akademischen Beruf. Es war reiner Wissensdurst, intellektuelle Neugier, Büchersucht.« Und weiter: »Ich ging nach Berlin, studierte bei Julius Bab Theaterwissenschaft […]. So gebildet kam ich als Dramaturg nach Würzburg.« (*Es klopft das Herz. Rede zur Verleihung der Ehrendoktorwürde, Die Zeit*, 29.6.1990) Der Brief vom Leiter des Stadttheaters Würzburg vom 19. Juli 1926 spricht von einer Stelle als Volontär und: »Irgendeine Vergütung könnte natürlich nicht in Frage kommen.« (WKA) Solcher Verquickung von Leben und Roman, hier dem Bildungsroman, begegnen wir bei Koeppen auf Schritt und Tritt.

»Greifswald und die Gesellschaft zeigten sich mir feindlich«, hatte er seine Rede begonnen. Er hat nun seinen Frieden mit Greifswald gemacht, nähergekommen ist er der »Heimat« nicht.

Einmal wohl nur, in einem Brief an seinen Arzt, hat Koeppen von seinem Doktortitel Gebrauch gemacht. (WKA, an Professor Neuhann, 2. März 1994)

Im Frühjahr 1994 verleiht schließlich die Hansestadt Greifswald dem Schriftsteller Wolfgang Koeppen die Ehrenbürgerwürde. Er hat die Urkunde nicht mehr persönlich entgegengenommen.

»Ein Heimatgefühl galt vielleicht der Klosterruine im Wald von Eldena ...« (Mappe *Autobiographie*)

Wolfgang Koeppen vor der Ruine von Eldena

Caspar David Friedrich:
Die Ruine Eldena, 1825

Jugend

1976 erscheint – lange herbeigesehnt von Lesern wie Literaturkritik und nicht zuletzt von seinem Verleger Siegfried Unseld – als Band 500 der Bibliothek Suhrkamp *Jugend*: 146 Seiten, keine Gattungsangabe. Ein Motto: »Das Gedichtete behauptet sein Recht, wie das Geschehene. Goethe« (aus einem Brief an Carl Friedrich Graf von Reinhard am 31. Dezember 1809). In Wolfgang Koeppens Nachlaß liegen 35 Mappen, die zu diesem Projekt gehören, insgesamt 1332 Blätter: Vorstufen, verworfene Anfänge, Umfangsberechnungen, Textvarianten, Reflexionen zum Schreibverfahren, fixierte Schreibskrupel, Arbeitsmaterial. Material, das einen Jahre währenden Prozeß spiegelt, in dem er sich quält mit der größtmögliche Präzision wahrenden Übertragung von Wahrnehmungen, von Gefühlen eines Jungen in Wörter und Sätze, in denen er mit dem Dilemma von Distanz und Nähe, mit der Faszination für das Autobiographische und dem »Verdacht der Autobiographie« (WKA, Konvolut *Jugend*) ringt, in dem er sich bis ins Extrem bemüht, als Erzähler gänzlich hinter dem Kind zu verschwinden, obwohl er weiß, daß der siebzigjährige Autor seine Lebenserfahrung, die Zeit nicht zum Verschwinden bringen kann, auch wenn er vehement an dieser Illusion festhält: »Nichts trennt uns mehr; auf einmal sind wir beide millionen Jahre alt. Die Zeit ist aufgehoben. Ich hatte immer den Verdacht, daß es sie nicht gibt. Ich schreibe meinen Satz: meine Mutter fürchtete die Schlangen. Das Papier wird beschmutzt. Die Seiten häufen sich. Niemand wird sie finden. Bald ist es ein Buch.« (*Vom Tisch, GW 5,* S. 288f.)
Auf einem Titelblattentwurf präzisiert Koeppen: »Jugend. Fragment einer Fiktion«. Damit ist nicht nur die Fiktion einer Jugend gemeint, die ausdrücklich nicht die des Autors ist, vielmehr auch die Fiktion – oder die Utopie oder die Unmöglichkeit – eines Erzählverfahrens. »Was wäre gewonnen, wenn man das Ich, den Erzähler wegließe und nur die Welt, die er, der nicht in Erscheinung tritt, beobachtet, zeigen würde? Das wäre ungefähr das von Robbe-Grillet in seinem Roman ›La Jalousie‹ angewandte Prinzip. Aber Robbe-Grillet hat die Methode zu Tode gehetzt und ist gescheitert. Der Roman war ohne Leben. Dennoch ließe sich in der Art des Kameraauges manches so schön kalt berichten, überbelichten, durch die Lupe vergrößern, den Lauf anhalten, beschleunigen, die Bilder montieren,

Die Großmutter Emilie Köppen »die Großmutter wie ich sie wahrgenommen hatte mit Säuglingssinnen, ihr zu Tränen bereites Gesicht mit dem nun schon gewollten und erstarrten Ausdruck vergeblichen Grübelns« *(Jugend)*

»Ich war glücklich, ein glückliches Kind« *(In den alten Zeiten)* Wolfgang Koeppen mit ca. 4 Jahren

und der unsichtbare, aber ja doch wirkende Erzähler bliebe als Unperson von vornherein geheimnisvoll. Aber wie könnte man Empfindungen beschreiben, die er hat, die in ihm entstehen und leben, die ihn antreiben, wie beispielsweise die Wollust der Bewegung und des Frostes.« (*Vom Tisch*, *GW 5*, S. 294 f.)

Beim Schreiben von *Jugend*, bei der topographischen Gestaltung der Erinnerungsräume seiner Kindheit und bei der physiognomischen Zeichnung der Akteure hat sich Koeppen die Hinterlassenschaft seiner Mutter und seiner Tante zunutze gemacht. Wo Koeppen mit der ihm eignenden poetischen Präzision solche Dokumente »literarisiert«, macht sich die Ausstellung diese Formulierungen zunutze. Zum Beispiel Emilie Köppen, die glücklose Großmutter, an die Koeppen selbst sich gar nicht mehr hat erinnern können, denn sie starb, als der Enkel zwei Jahre alt war: Wie ließe sich ihr Gesichtsausdruck – und damit ihr ganzes Wesen – auf der hier präsentierten Fotografie treffender in Sprache fassen als mit der Formulierung: »ernst, verhärmt, freundlich auch, aber auf eine verhärmte Weise freundlich [...].« (*Jugend*, *GW 3*, S. 24) Der Fortgang dieser Szene zwischen dem Kind in der Wiege und der Großmutter – Augenspiel, Gefühle, Verstehen, erst recht Angst und Schuld – gehört ins Reich der Poesie.

Daß die Präzision der Wahrnehmungen des erzählenden Ich, des Jungen also, nicht nur der Erinnerungskraft des Autors geschuldet ist, sondern in einem höchst artifiziellen Schreibakt Erinnerung auch simuliert, zeigt ein Blick auf weitere von Koeppen zitierte Quellen: auf die Prachtausgabe *Un-*

Wolfgang Koeppen   — 6. April 1976
            Widenmayerstr. 45,   8000 München 22
                                        2.April 1976

Herrn Dr. Siegfried Unseld, Suhrkamp-Verlag, Frankfurt

Lieber Siegfried,

verzeih mir bitte, daß ich Dir den Entwurf für Klappen-
text und Ankündigung noch immer nicht geschickt habe.
Ich versuche es heute.
Die Schwierigkeit ist, daß Du und Deine Lektoren den
Text in seiner entgültigen Gestalt nicht kennen, ich
aber, und gerade in der Arbeit der Redaktion, des
Fertigmachens, befangen bin, am wenigsten geeignet,
den Inhalt zu erzählen, zumal es sich wieder um Prosa
handelt, die mehr vom Stil her als vom Geschehen an-
sprechen wird und zu begreifen wäre.
Da wieder mal ein Ich berichtet und Lebensdaten des
erzählenden Ichs sich manchmal mit meinen berühren,
werden Leser den Text für autobiographisch halten.
Das stimmt aber nicht. Es ist mehr Dichtung als Wahrheit. Erinnerungen an eine fremde Jugend, eigentlich
Kindheit, Alpträume von einem anderen. Ich habe diese
Wohnungen nicht bewohnt, war auch nie in einer Mili-
tärerziehungsanstalt, verbrachte meine Schuljahre in
Ostpreußen und nicht in Pommern, wuchs nicht in einem
Milieu extremer Armut auf, aber ich hatte diese Empfindungen, oder sie kamen mir beim Schreiben.
Ich hoffe, Dir das Manuskript, 100 bis 120 Schreib-
maschinenseiten zu 30 Zeilen, bis Ende April zu geben.
"In Staub mit allen Feinden Brandenburgs" bleibt
solange liegen. Ich möchte es aber bis Ende Juli
abgeschlossen haben. Die Züricher Lesung hat in der
"Neuen Züricher Zeitung" und in der "Tat" ein gutes Echo

gefunden. Der Besuch war mäßig. Zürich sehr anregend.
Ich mag es. Reisen von München weg helfen mir immer.

Es grüßt Dich herzlich

Dein

sere Marine, die den wilhelminischen Größenwahn sichtbar macht, auf die ungeschminkt-wissenschaftlichen Darstellungen in *Döderleins Atlas der Gynäkologie*, die die pubertären Sexualphantasien, ein zentrales Thema des Textes, in Gang setzten. Schließlich Greifswald, in dem Koeppen seine Kindheit ja gar nicht verbracht hat: Es ist vermittelt, erinnert über Reise- und Universitätsführer und ihr Bildmaterial.
Wie entschieden Koeppen darauf beharrt hat, daß *Jugend* nicht seine Autobiographie sei, zeigt der hier abgedruckte Brief vom 2. April 1976 an Siegfried Unseld (KU Nr. 249).

Wolfgang Koeppen

Jugend

Fragment einer Fiktion

Meine ?utter fürchtete die Schlangen.
Wir gehen durch das Rosental.Das ist eine bei Sturm-
fluten vom Merr überspülte Flur auf brakigem Grund
Irgendetwas an dieser Landschaft ist verrufen.

13.5.64

Deine Mutter fürchtete die Schlangen

Dieser Satz, sie fürchtete die Schlangen, er ist in
dir, drängt heraus. weißt du warum, du schlugst ein
Blatt auf, über Land und Meer, ein Kneuel gefleckten
Schleimes, irgendeine Riesenschlange, die sich aus
sich erhob, das Haupt reckte, züngelte, und sie schrie
auf, tu das weg, wurde blaß, zitterte, ich kann das
nicht sehen.

Und wenn wir an warmen Sommertagen durch das Rosental
gingen, die bei Sturmfluten vom Meer überspülte Flur
auf brackigem Grund, das Gut zu sehen,

Dialogform

wichtiger Zusatz

zu Schlange

Seine Mutter fürchtet die Schlangen.
das ist das erdgekrüme
Davids Mutter fürchtete die Schlangen
Meine Mutter fürchtete die Schlangen

Freiheit
2001

Es kommt
alles draußen,
aus einer Schieben —
(Luächtung)
immer wieder in
eine vorübergehende
direkte Aktion zu
kommen: tun, Gegenwart,
es geschieht!

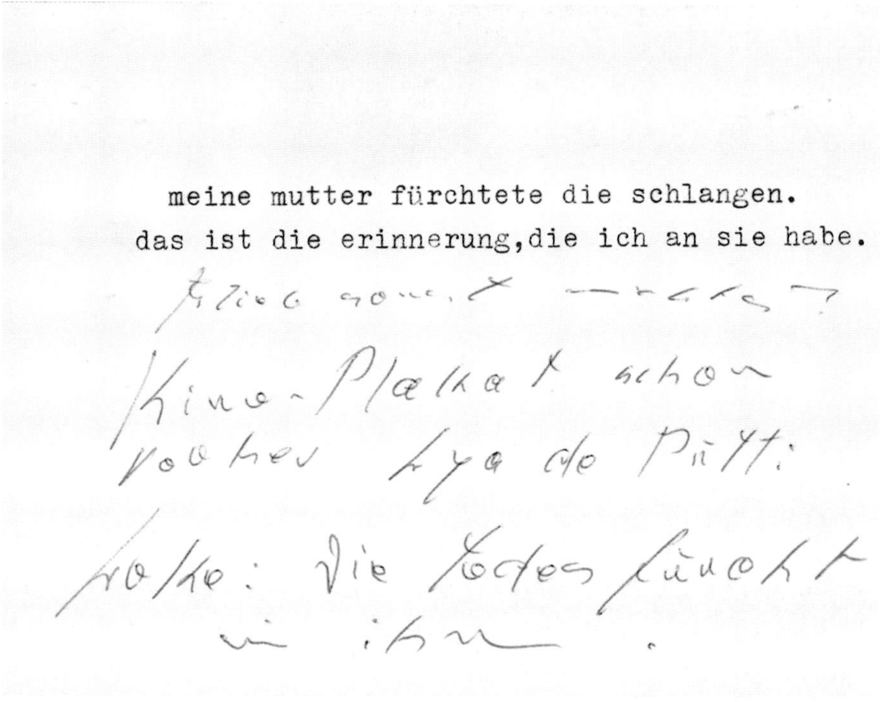

meine mutter fürchtete die schlangen.
das ist die erinnerung,die ich an sie habe.
blieb somit nicht etwas?
Kino-Plakat schon
vorher Lya de Putt:
Woko: Die Todesfurcht
in ihm

Transkription der handschriftlichen Zusätze Wolfgang Koeppens auf den Typoskripten:

S. 33:
Lambert

Es war der Sommer / nach dem Tod meiner / Mutter, und dann mein Onkel aus / Laban kam

S. 34:
Dialogform / wichtiger Zusatz / zu Schlange

S. 35:
Freitag / 2 ^{00}
Es kommt / alles drauf an, / aus einer Schilderung / (Erzählung) / immer wieder in / eine vorübergehende / direkte Aktion zu / kommen: Tun, Gegenwart, / es geschieht!

S. 36:
blieb somit nicht etwas? / Kino-Plakat schon / vorher Lya de Putt: / Woko: Die Todesfurcht / in ihm

II. »Ich habe in den Zeitläufen zeitläufig gewohnt.«

Koeppens Leben und Schreibexistenz zwischen 1927 und 1948 ist die komplizierteste und undurchschaubarste Passage seiner Biographie. Viele Wohnungs- und Ortswechsel, verlorene Spuren zu seinem Bekanntenkreis sind die eine Schwierigkeit, Koeppens spätere, nicht immer durchsichtigen, zum Teil widersprüchlichen Auskünfte über diese Lebenszeit die andere: die Geschichte vom Überleben eines Schelms, der, degoutiert von den politischen Vorgängen, seine Hände nicht schmutzig macht, sich in den Umkreis der »untadeligen« Emigranten (etwa Klaus und Erika Mann) redet, dessen zweitem Roman in der Auflage von 1939 gegen seinen Willen ein von »oben« verordneter Titel verpaßt worden sei, der absichtlich unrealisierbare Filmexposés geschrieben und sich schließlich vor der drohenden Einberufung zur Wehrmacht in einem Keller in Feldafing untergestellt, versteckt und bei »rohen Kartoffeln« (Treichel, S. 184) das Kriegsende erwartet habe. Jörg Döring ist den Fakten und Fiktionen dieser Lebensspanne nachgegangen und hat deren Bild neu konturiert. Koeppens Briefe aus dieser Zeit, die sich in seinem Nachlaß befinden, können über weitere Umstände aufklären.

Die Divergenzen sind eklatant und reichen von sehr verständlichen »Lebenslaufbegradigungen« bis zu handfesten Lügen. Es kann nicht ausbleiben, daß sich hier so manche spätere Angabe Koeppens in der Gegenüberstellung mit zeitgenössischen Dokumenten als Poeten-Latein erweist. Ein moralischer Vorwurf ist hieraus nicht abzuleiten, urteilt Koeppen doch über sich: »Ich bin ein gewandter Lügner, das fordert der Beruf.« (Treichel, S. 198) Nicht ohne Amüsement kann man zudem zur Kenntnis nehmen, was sich seine Gesprächspartner gelegentlich an Ungereimtem haben auftischen lassen.

Es ist in der Tat ein Schelmenroman, den Koeppen in diesen Jahren gelebt hat – und er gab darin den Protagonisten. Zeitläufig und gegen den Strich

zugleich: In seinen ersten Berliner Jahren, den wirtschaftlich besten der Weimarer Republik, war er nicht selten am Verhungern, hatte noch nicht einmal den Pfennig für die Briefmarke oder das Telefongespräch – in den Jahren 1943 und 1944 feierte er im Münchner Regina Hotel – unbeeindruckt von den Ereignissen rundherum.

Am 10. Januar 1981 schrieb Koeppen an Marcel Reich-Ranicki: »ich habe nun doch getan, wovor Sie mich warnten, den Koffer im Speicher unter Gerümpel gefunden, das Schloß gesprengt, und herausbrach ein gelebtes Leben, eine begrabene Zeit, nicht glücklose Anfänge vertan, verspielt. Ich sitze betroffen, verstört vor einem Scheiterhaufen, den ich anzünden würde, hätte ich eine Feuerstelle. Ich habe, so scheint es, drei Leben gelebt. Keines brachte was. 1927 Berlin. 1934 Holland, Periode bis 45. Von da an die Gegenwart. Viertens das Ende. Oder?

Also der Börsen-Courier. Vergilbtes Papier, von Mäusen angenagt. Mädchen, die mir wichtig waren. Ich betrachte das alles kalt. Anfälle von Wehmut und Wut, nicht aus den Arbeiten, nur aus den Ereignissen um sie herum. Ein munteres Schreiben für den Tag. Kleine Polemik gegen längst Tote. Am besten gefallen mir noch die Theater- und Filmkritiken. Warum habe ich das aufgegeben? Skizzen, Erzählungen, eher Fragmente nicht geschriebener Romane. Ein paar Reportagen, die Spaß machten. Kein großer Literaturartikel.« (Hieber, S. 166)

Das Würzburger Theater-Intermezzo 1926/27 als Dramaturgie- und Regie-volontär ohne Vergütung war nicht unergiebig: ein paar kleine Nebenrol-len, Artikel für die hauseigene Theaterzeitschrift *Blätter des Stadttheaters Würzburg* (über *Englische Gesellschaftskomödie*, über den Dichter Grabbe), den einen oder anderen Beitrag in Zeitungen. Ein Artikel in den *Blättern* erregt einen richtiggehenden Skandal. Er wandte sich unter der Überschrift *Schund* in einer höhnische Polemik gegen das soeben vom Reichstag ver-abschiedete »Schmutz- und Schundgesetz«, die der Direktion des Stadt-theaters anstößig genug war, um das bereits fertige Heft 7 einstampfen zu lassen: »Pfui! Unanständiger Götz, schamlose Stella, gefallenes Gretchen! Die moralische Zeit verachtet Euch! Pfui! Mangelhaft bekleidete Venus, ehebrechender Tristan, blutschändender Siegmund! Hütet Euch! Im Par-kett wacht die Polizei!« (*GW 5*, S. 12)

All das endet nach einer Spielzeit mit einem freundlichen Schreiben der Theaterleitung: »Wir können leider Herrn Koeppen für das kommende Spieljahr keine entsprechende Tätigkeit in unserem Theater anbieten, da sämtliche etatmäßigen Stellen bereits besetzt sind.« (WKA, 27. Juli 1927)

Also Berlin – »Berlin war für mich die Weltstadt schlechthin« (*Es wird wie-der sein, Frankfurter Allgemeine Zeitung*, 26. Juni 1991), »ich lebte von nichts und entwickelte mich zu einem Gespenst zwischen Charlottenburg und dem Bülow-Platz« (*Phantasieroß*, S. 674). Gelebt hat er wohl von Zuwen-dungen des »Onkels« Theodor Wille, Koeppens Kontonummer samt sei-nen wechselnden Anschriften steht in Willes Adreßbuch. Es beginnt ein kümmerlicher Alltag als »möblierter Zimmerherr« mit großen Ambitio-nen. Vermutlich beruht die Schilderung der nächtlichen Schichtarbeit Friedrichs in der Glühbirnenfabrik Osram in *Eine unglückliche Liebe* auf ei-genen Erfahrungen. Dokumente darüber scheint es nicht zu geben. Der Weg in die literarische Öffentlichkeit, selbst in ihre kleinsten Winkel, zieht sich quälend hin, zumal angesichts der im Nachlaß befindlichen Mengen an ganz- und halbfertigen Texten aus dieser Zeit. Erstmals gedruckt sieht sich der junge Literat im Januar 1928 mit einer Geschichte im Feuilleton der *Roten Fahne: Ein Heizer wird toll.* Am 30. September 1928 folgt dort eine Kindheitsgeschichte: *Kartoffelbuddler in Pommern.* Diese Veröffentlichungen

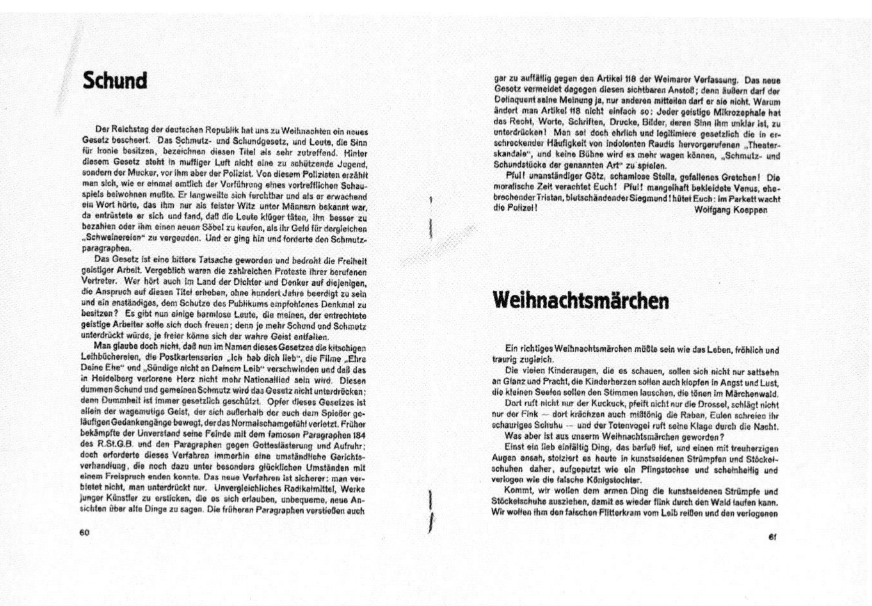

Schund

Der Reichstag der deutschen Republik hat uns zu Weihnachten ein neues Gesetz beschert. Das Schmutz- und Schundgesetz, und Leute, die Sinn für Ironie besitzen, bezeichnen diesen Titel als sehr zutreffend. Hinter diesem Gesetz steht in muffiger Luft nicht eine zu schützende Jugend, sondern der Mucker, vor ihm aber der Polizist. Von diesem Polizisten erzählt man sich, wie er einmal amtlich der Vorführung eines vortrefflichen Schauspiels beiwohnen mußte. Er langweilte sich furchtbar und als er erwachend ein Wort hörte, das ihm nur als feister Witz unter Männern bekannt war, da entrüstete er sich und fand, daß die Leute klüger täten, ihn besser zu bezahlen oder ihm einen neuen Säbel zu kaufen, als ihr Geld für dergleichen „Schweinereien" zu vergeuden. Und er ging hin und forderte den Schmutzparagraphen.

Das Gesetz ist eine bittere Tatsache geworden und bedroht die Freiheit geistiger Arbeit. Vergeblich waren die zahlreichen Proteste ihrer berufenen Vertreter. Wer hört auch im Land der Dichter und Denker auf diejenigen, die Anspruch auf diesen Titel erheben, ohne hundert Jahre beerdigt zu sein und ein anständiges, dem Schutze des Publikums empfohlenes Denkmal zu besitzen? Es gibt nun einige harmlose Leute, die meinen, der entrechtete geistige Arbeiter solle sich doch freuen; denn je mehr Schund und Schmutz unterdrückt würde, je freier könne sich der wahre Geist entfalten.

Man glaube doch nicht, daß nun im Namen dieses Gesetzes die kitschigen Leihbüchereien, die Postkartenserien „Ich hab dich lieb", die Filme „Ehre Deine Ehe" und „Sündige nicht an Deinem Leib" verschwinden und daß das in Heidelberg verlorene Herz nicht mehr Nationallied sein wird. Diesen dummen Schund und gemeinen Schmutz wird das Gesetz nicht unterdrücken; denn Dummheit ist immer gesetzlich geschützt. Opfer dieses Gesetzes ist allein der wagemutige Geist, der sich außerhalb der auch dem Spießer geläufigen Gedankengänge bewegt, der das Normalschamgefühl verletzt. Früher bekämpfte der Unverstand seine Feinde mit dem famosen Paragraphen 184 des R.St.G.B. und den Paragraphen gegen Gotteslästerung und Aufruhr; doch erforderte dieses Verfahren immerhin eine umständliche Gerichtsverhandlung, die noch dazu unter besonders glücklichen Umständen mit einem Freispruch enden konnte. Das neue Verfahren ist sicherer: man verbietet nicht, man unterdrückt nur. Unvergleichliches Radikalmittel, Werke junger Künstler zu ersticken, die es sich erlauben, unbequeme, neue Ansichten über alte Dinge zu sagen. Die früheren Paragraphen verstießen auch

60

gar zu auffällig gegen den Artikel 118 der Weimarer Verfassung. Das neue Gesetz vermeidet dagegen diesen sichtbaren Anstoß; denn äußern darf der Delinquent seine Meinung ja, nur anderen mitteilen darf er sie nicht. Warum ändert man Artikel 118 nicht einfach so: Jeder geistige Mikrozephale hat das Recht, Worte, Schriften, Drucke, Bilder, deren Sinn ihm unklar ist, zu unterdrücken! Man sei doch ehrlich und legitimiere gesetzlich die in erschreckender Häufigkeit von indolenten Raudis hervorgerufenen „Theaterskandale", und keine Bühne wird es mehr wagen können, „Schmutz- und Schundstücke der genannten Art" zu spielen.

Pfui! unanständiger Götz, schamlose Stella, gefallenes Gretchen! Die moralische Zeit verachtet Euch! Pfui! mangelhaft bekleidete Venus, ehebrechender Tristan, blutschändender Siegmund! hütet Euch: im Parkett wacht die Polizei!
Wolfgang Koeppen

Weihnachtsmärchen

Ein richtiges Weihnachtsmärchen müßte sein wie das Leben, fröhlich und traurig zugleich.

Die vielen Kinderaugen, die es schauen, sollen sich nicht nur sattsehn an Glanz und Pracht, die Kinderherzen sollen auch klopfen in Angst und Lust, die kleinen Seelen sollen den Stimmen lauschen, die tönen im Märchenwald.

Dort ruft nicht nur der Kuckuck, pfeift nicht nur die Drossel, schlägt nicht nur der Fink — dort krächzen auch mißtönig die Raben, Eulen schreien ihr schauriges Schuhu — und der Totenvogel ruft seine Klage durch die Nacht.

Was aber ist aus unserm Weihnachtsmärchen geworden?

Einst ein lieb einfältig Ding, das barfuß lief, und einen mit treuherzigen Augen ansah, stolziert es heute in kunstseidenen Strümpfen und Stöckelschuhen daher, aufgeputzt wie ein Pfingstochse und scheinheilig und verlogen wie die falsche Königstochter.

Kommt, wir wollen dem armen Ding die kunstseidenen Strümpfe und Stöckelschuhe ausziehen, damit es wieder flink durch den Wald laufen kann. Wir wollen ihm den falschen Flitterkram vom Leib reißen und den verlogenen

61

Schund. In: *Blätter des Stadttheaters Würzburg*, 1926/27, Heft 7; das Heft wurde nicht ausgeliefert, sondern eingestampft.

»*Ich schrieb im Programmheft einen Nachruf auf Siegfried Jacobsohn, den ersten Herausgeber der Weltbühne, und einen Artikel gegen das ›Schund- und Schmutzgesetz‹, einen Versuch der Zensur, und beides wurde auf Betreiben des Stadtrats aus dem Verkehr gezogen und eingestampft. Es war eine schöne Zeit.*«
(Als ich in Würzburg am Theater war)

»*Karl packt des möblierten Herrn ganzer Jammer. Aber was kann er tun? Frau Himmelbett hat die Miete, und der Mensch muß wohnen. Ihm kommt der Einfall, dies Zimmer für Geld zu zeigen, und so kann er noch lachen, bevor ihn die Müdigkeit übermannt und in die Kissen wirft, die durchtränkt sind von den Kümmernissen einer Generation von Untermietern.*« (Zimmer in Nußbaum poliert)

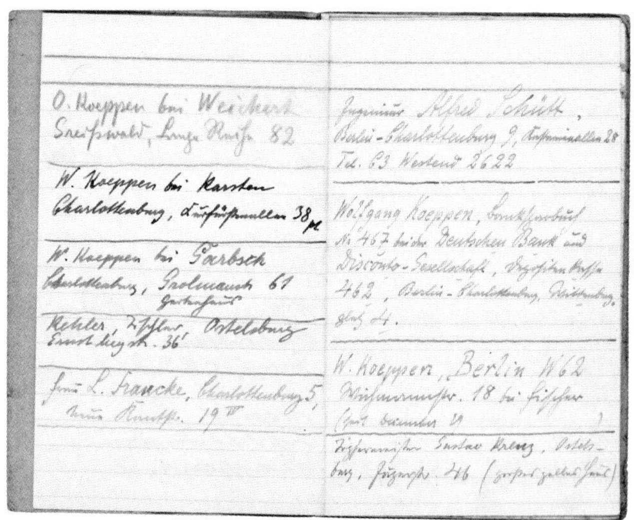

Theodor Willes Adreßbuch mit mehreren Adressen und der Kontonummer seines Schützlings

40

11. Jahrg. / Nr. 14 / Preis für Groß-Berlin 10 Pfennig   Berlin, Dienstag, 17. Januar 1928

Die Rote Fahne

Zentralorgan der Kommunistischen Partei Deutschlands (Sektion der Kommunistischen Internationale)

Ein Heizer wird toll
Von Wolfgang Koeppen

Diese unglaubliche Geschichte geschah auf einem Dampfer, der mit Papierholz beladen von Nordfinnland nach einem holländischen Hafen fuhr. Das Schiff gehörte einer deutschen Reederei, und seine Verhältnisse waren die normalen, eben so wie sie auf deutschen Schiffen sind: man schuftet für das Bankkonto des Reeders, die Besatzung ist mit Recht verbittert, und jeder läßt seinen Aerger auf den Schwächeren los, d. h. der Schiffsjunge steckt die Prügel ein, und die Offiziere sind die großen Herrn.

Ungefähr zwölf Stunden von Uleaborg entfernt, stampfte der Dampfer einsam durch die Nacht. Das Wetter war trübe und kalt, schwere, breite Wellen schlugen vorn vor das Schiff, so daß es von Wellenberg zu Wellental rollte und seine Maschine vor Anstrengung keuchte. Bis auf das unheimliche Knarren der hochgeschichteten Decklast, die jeden Weg versperrte und einen eiligen Verkehr von Bug zum Heck nur unter Lebensgefahr gestattete, herrschte Stille an Bord. Der größte Teil der Mannschaft hatte keinen Wachtdienst und schlief, von Arbeit erschöpft, in der stickigen Luft des Logis. Bis plötzlich die eiserne Tür dieses Verschlages aufgerissen wurde, der Rudergänger wie rasend hereinstürzte, brüllte und die Schlafenden rüttelte, so daß sie taumelnd aus den Kojen sprangen und schlafbenommen fluchten, was los sei!

Und der Rudergänger berichtete schnaufend: „Ich stand am Rad, hielt den Kurs und döste dabei schläfrig vor mich hin, bis ich aus der Maschine einen unterdrückten gurgelnden Schrei zu hören glaubte, dann huschte einer durch die Kombüse in die Offizierskajüten, wo dann schnell Schläge und Schreie ertönten. Nun kam der Alte, der hinter mir im Kartenhaus eingeschlafen war, auf die Brücke und horchte mit mir. Da kam, katzenschnell, Schaum vorm Mund, der bucklige Wilm die Treppe rauf und schlug mit einem Eisen auf den Alten ein! Wilm ist toll geworden und hat die Maschinisten, die Steuerleute und den Alten umgebracht!"

Wilm war Heizer auf dem Dampfer. Von Geburt bucklig, durch Leben und Arbeit alt, verdreckt, ein schäbiger Anblick geworden, war er dieses Schiffes, wie jedes Schiffes, wie jeder Hafenschenke und jedes Heuerbüros Zielscheibe aller faulen Witze. Mit den Jahren schien er stumm darüber geworden, steckte alles ein und dachte sich: „Der Mensch ist schlecht!" Aber hinter diesem maskenhaft starren, häßlichen Aeußeren brannte ein unerhört starkes Verlangen nach Liebe; auch war sein Charakter im Grund ein gütiger. Auf diesem Schiff hatte er nun zum erstenmal fast einen Freund gefunden. Es war der Kochjunge, der ihn beobachtet hatte, wie er ächzend die Winde drehte, an der die zu entleerenden zentnerschweren Aschenkübel hingen; und der Junge, dem es selbst sehr dreckig auf dem Dampfer ging, half ihm bei dieser Arbeit. Und Wilm, der zunächst einen neuen Spott gefürchtet hatte, schließlich sich aber von der ehrlich-kameradschaftlichen Hilfsbereitschaft überzeugte, glaubte fast an ein Wunder.

Später saßen die Beiden des öfteren in einer Arbeitspause zusammen auf Deck und starrten in die Weite. Wilm wäre für den Jungen durchs Feuer gegangen. Er liebte ihn, nicht nur so, wie man einen endlich gefundenen treuen Freund liebt, sondern er begehrte ihn auch, denn hübsch war der Junge, und unbefriedigt und stark des Buckligen Trieb. Aber er wußte auch, daß dieses Verlangen ein völlig hoffnungsloses sei und ihm nur das bißchen Freundschaft kosten könne, so unterdrückte er es, und der Junge wußte nichts von dem. Aber wenn die machtbesessenen Offiziere ihn schurigelten, so empfand dies der Heizer Wilm stärker als jede ihm selbst zugefügte Demütigung. Und so, zutiefst aufgelockert in seinen Gefühlen und Trieben, kam ihm der Gedanke, sich an den ihm zunächst stehenden Machthabern dieser Welt zu rächen! So war es gekommen, daß er jetzt im Morgengrauen des Nordens auf der Kommandobrücke seines Schiffes stand und ein blutbeflecktes Eisen in seiner Hand hielt.

Die so stürmisch geweckte Mannschaft war an Deck gekommen und umlagerte lauernd die Brücke. Keiner wußte recht, was zu tun sei. Die Situation war eben verrückt. Wilm schaute sie an, lächelte gütig und schmerzlich, stieg hinab und ging unter sie, wo er bebend bekannte:

„Ihr müßt mich verstehen: seit dreißig Jahren bin ich der elendeste, freudenloseste Sklave auf aller Herren Schiffe. Im Roten Meer, in Brasilien, in Indien stand ich vor den flammenden Türen der Feuer. Wo die Glut am gewaltigsten wütet, wo andere besinnungslos zu Boden sanken, wurde mir diese Gnade nicht. In China holte sich mein Schiff einmal eine Seuche, ich pflegte die Kranken und Sterbenden, um selbst zu sterben, und ich blieb gesund. Ich schuftete weiter, getreten, von Spott zerrissen. Jedes Schiff wurde mir zum Fegefeuer, jeder Hafen zur Hölle. Nun habe ich sie niedergeschlagen, den Kapitän, die Steuerleute, die Maschinisten, alle, die auch euch brüllend demütigten. Euch gehört das Schiff, euch die Ladung, ihr könnt fahren, wohin ihr wollt, und wenn ihr arbeitet, so arbeitet ihr für euch." Ehe die Verblüfften ihn hindern konnten, hatte er ihre stumme Reihe durchbrochen und sich in die See gestürzt.

Verstört und wie hilflos standen die Seeleute da. Regen kam und fiel über sie, aber sie achteten nicht drauf. Schließlich erkannten sie, daß nach den heut noch gültigen Gesetzen dieser Welt Schiff und Ladung dem Reeder gehörten; und hinter dem steht die Macht, gegen die wenige wenig tun können. So steuerten sie das Schiff in den nächsten Hafen, wo sie das Geschehene meldeten.

Ein Heizer wird toll. Koeppens erste Veröffentlichung in Berlin. In: *Die Rote Fahne*, 17. Januar 1928

»Wolfgang Koeppen [...] saß, ein verstörter Jüngling, an seinem Tisch und schrieb Berichte über Theateraufführungen zweiten Grades, zu denen Herbert Ihering aus Prestigegründen nicht gegangen war.« (Hans Sahl: Memoiren eines Moralisten. Frankfurt: Luchterhand 1990, S. 130)

Unter Kollegen vom *Berliner Börsen-Courier*

»Ich war ein junger Autor in Berlin, unglücklicherweise an der Wende der zwanziger Jahre, die in die Zeitgeschichte als die lustigen, heiteren zwanziger Jahre vielfach bezeichnet werden und vielleicht auch waren.« (Treichel, S. 145)

mutieren zu richtiggehenden Anekdoten in Koeppens späterer Lebenserzählung: »In den Ferien reportierte ich auf pommerschem Acker die Armut der Landarbeiter. Es war ein literarischer, kein politischer Versuch, aber in Berlin druckte mich die ›Rote Fahne‹, und die Schule drohte, den Verfasser zu relegieren.« (*Eine schöne Zeit der Not, GW 5*, S. 310) Koeppens Schulzeit lag da bereits acht Jahre zurück.

Ein amour fou von dramatischem Zuschnitt, die unerwiderte Leidenschaft zur Schauspielerin Sybille Schloß, scheint Koeppen seit 1929 vollständig okkupiert zu haben – diese Geschichte wird an anderer Stelle (S. 108ff.) erzählt.

Im März 1930 kann sich Koeppen in der renommierten *Weltbühne* lesen, einen Artikel über einen kleinen Berliner Filmskandal, gewiß ermutigend für ihn, aber er bleibt ohne Nachfolger. 1931 setzt zögernd der Kontakt zum *Berliner Börsen-Courier* ein. Herbert Ihering, der erste Theaterkritiker des Blattes, bindet ihn ab 1. September 1932 als festes Mitglied an die Feuilletonredaktion. Zu schreiben hat er über Gott und die Welt, über lokale Kulturveranstaltungen, über Filmpremieren, über die Berliner Theaterereignisse zweiter Klasse, Schülervorstellungen, Kindertheater, Boulevard,

Das Romanische Café in Berlin,
Zeichnung um 1930

»Habe im Romanischen Café mich erwärmt am Leben.«
(Der Tod meiner Mutter Maria)

Zirkus und Varieté, ein bißchen Kabarett. Zahlreiche Besprechungen von literarischen Neuerscheinungen stammen aus seiner Schreibmaschine, mal mit vollem Namen, mal mit Kürzeln unterzeichnet, zahlreiche werden anonym gedruckt, der Verfasser ist nur identifizierbar, weil er die Ausschnitte in seiner eigenen Pressemappe aufbewahrt hat. Da finden sich Rezensionen wichtiger Werke: von Elisabeth Langgässer, Hans Henny Jahnn, Robert Musil, Marie Luise Kaschnitz und Marieluise Fleißer, das erste Buch von Thomas Manns *Joseph*-Tetralogie. Schließlich erschienen einige fiktionale Texte, darunter die Erzählung *Joans tausend Gesichter*, »Fragmente nicht geschriebener Romane« (*Phantasieroß*, S. 675). »Der ›Börsen-Courier‹ war meine fleißige Zeit. Ich schrieb über alles und viel, ich machte das Literaturblatt […]. Es machte mir Spaß!« (*Eine schöne Zeit der Not, GW* 5, S. 312) In Berichten an Tante Olga Köppen hört es sich anders an: »Was ich hier so mache, ist Dreck. Was ich machen will, ist mehr.« (WKA, 24. Juni 1933)

»Es kam aber eine böse Zeit«

»Ich war gern Journalist und war es 4 Jahre. Ich glaubte meinen Platz im Leben gefunden zu haben. Es kam aber eine böse Zeit. Der BC wurde verboten und ich wurde eine Romanfigur.«

WKA, Mappe *Autobiographie*

In der letzten Januarwoche des Jahres 1933 besucht Wolfgang Koeppen die Schauspielerin Sybille Schloß in München, die dort zum Ensemble von Erika Manns Kabarett *Die Pfeffermühle* gehört. »Am 30. Januar fuhr ich zurück nach Berlin. Ich war ohne jede Ahnung. Erst auf dem Anhalter Bahnhof sah ich die Bescherung, braun in braun, Hemden und Fahnen, die aufgebrochene Nation, es war die Stunde des großen Fackelzuges, man erblickte andere Menschen, neue Menschen, hypnotisierte, sie waren high, wie man heute sagen würde, sie waren auf die Reise gegangen.« (WKA, Mappe *Autobiographie*)

Konnte man – noch dazu als Journalist – wirklich so ahnungslos sein? Und blieb der Schock auch dann aus, als Kollegen entlassen wurden und das *Pfeffermühlen*-Ensemble zum Beispiel schon im März ins Exil fliehen mußte? Unter den zahlreichen journalistischen Arbeiten Koeppens aus dem Jahr 1933, dem letzten Jahr des *Berliner Börsen-Courier*, finden sich nicht wenige, die als angepaßt, wenn nicht dem neuen Geist zuarbeitend gelten müssen.

Zum Beispiel: Der große Artikel über den geistigen Werdegang des Schriftstellers: *Moeller van den Bruck. Von der »Italienischen Schönheit« über den »Preußischen Stil« zum »Dritten Reich«* kann nicht anders gelesen werden denn als Bekenntnis zur völkischen, nationalen Revolution. Gleich viermal wird er gedruckt (zuerst im *Berliner Börsen-Courier* am 30. April 1933, dann im *Hannoverschen Kurier*, 30. Juli 1933, in der *Neuen Leipziger Zeitung*, am 6. August 1933; er wird umgehend auch in die Rubrik »Echo der Zeit« in der Zeitschrift *Die Literatur* aufgenommen. (35, 1932/33, S. 581)

Zum Beispiel: Am 1. Juni 1933 (im *Börsen-Courier*) ein Stimmungsbild: *Das Saargebiet vom Zug aus gesehen*:

»Am Abend sitzen die Arbeiter in den Schenken, die hier besonders kahl und schmucklos sind. [...] Sie diskutieren. Das Thema ist Deutschland und die Saar; die Saar und Deutschland. Frankreich spielt in diesen Gesprächen kaum eine Rolle, Frankreich ist die Grenze, während es eine Barriere nach Deutschland hin nur noch bis zum Jahr der Abstimmung 1935, geben wird.«

Zum Beispiel: Der Artikel drei Tage später ebenfalls im *Börsen-Courier*,

Koeppens Impression: *Paris in diesem Frühjahr.* Das Datum ist nicht zufällig. Am 25. Mai 1933 hatte in der *Deutschen Allgemeinen Zeitung* Gottfried Benns *Antwort an die literarischen Emigranten* gestanden (sie war von ihm selbst tags zuvor verlesen und vom Rundfunk übertragen worden). Seine Polemik richtete sich gegen Klaus Mann und dessen Mitstreiter, die Benn enttäuscht und verbittert seine Haltung zum neuen Staat vorgeworfen hatten. Was beobachtet Koeppen? »Jedenfalls sind die Gerüchte über eine deutsche Emigration in Paris genau so übertrieben wie die Gerüchte über Deutschland unter diesen Emigranten. Eine wirkliche deutsche Emigration im Sinne der russischen z. B. gibt es in Paris überhaupt nicht. Die Deutschen, die sich dort aufhalten, haben fast alle die Absicht, in ihre Heimat zurückzukehren.«

Klaus Mann dagegen hatte schon am 27. April 1933 an Eva Herrmann geschrieben: »An Deutschland denkt man als an ein ekelhaftes Irrenhaus, aber man hat keine Ahnung, wie sich uns das Leben außerhalb Deutschlands gestalten wird. So hängt man auf eine schon phantastische Art in der Luft. Am meisten werde ich mich natürlich auf Paris konzentrieren, wo ich auch bis jetzt war und wo ich ohne Frage einige Chancen habe. Aber gerade dort ist die Konkurrenz der ›Emigranten‹ untereinander so erschreckend groß.« (Klaus Mann, *Briefe I*, S. 86f.) Zur gleichen Zeit ruft der Schutzverband deutscher Schriftsteller (SDS) im Ausland die Kollegen zu einer Kundgebung gegen die Benn-Replik für den 9. Juni 1933 in die Pariser Mutualité: »Wir wollen unsere Kollegen in den Gefängnissen und Konzentrationslagern nicht im Stich lassen. Wir wollen für sie eintreten.« (Klaus Mann Archiv, Mon)

In einem Interview 1983 stellt Koeppen sich entschieden an die Seite Klaus Manns: »Er sprach für uns alle. Er hatte eine politische Stellung bezogen, ein zutiefst enttäuschter Liebhaber Benns.« (Treichel, S. 170)

Koeppen reicht am 10. Dezember 1933 entgegen späterer Behauptungen die Aufnahme-Erklärung beim Reichsverband Deutscher Schriftsteller (der Vorläuferorganisation der Reichsschrifttumskammer) ein und erhält die Mitgliedsnummer 3671. Wie hätte er denn sonst publizieren können?

Am 1. Januar 1934 wird der *Berliner Börsen-Courier* der lange schon rechtsgerichteten *Berliner Börsen-Zeitung* einverleibt. Der Chef der Zeitung, Arnold Killisch v. Horn, teilt Koeppen am 6. Januar 1934 mit, er habe für ihn keine Verwendung mehr. Von einer Weigerung Koeppens, ein attraktives Stellenangebot anzunehmen, sagen die Dokumente im Nachlaß nichts.

Im Frühjahr 1934 reist er mit dem Vorschuß des Verlegers Bruno Cassirer auf einen Roman nach Italien. Er kommt, wenn auch nicht mit dem Manuskript, so doch mit dem Stoff zurück, seiner unglücklichen Liebesbezie-

Aufnahme-Erklärung in den Reichsverband Deutscher Schriftsteller (später Reichsschrifttumskammer) vom 10. Dezember 1933

hung zu Sybille Schloß. Eine Anstellung als Dramaturg an den Münchner Kammerspielen, für die ihn sein fördernder Kollege Herbert Ihering ins Gespräch gebracht hatte, scheint trotz sehr positiver Beurteilung durch dessen Direktor Otto Falckenberg an Koeppens lückenhaften Familienpapieren, an der unbewiesenen Vaterschaft Halbens und damit am fehlenden Ariernachweis gescheitert zu sein.

Bei Tante Olla im holsteinischen Reinfeld und in Berlin bei der befreundeten Familie Michaelis in Grunewald wird der Roman zügig fertiggeschrieben. Die gebildete und vermögende Familie Michaelis, vor allem Dora, die Frau des Hauses, aus einer Wiener jüdischen Familie stammend und in ihrer Jugend mit Hugo von Hofmannsthal befreundet und in Berlin mit Max Tau, wird entscheidend für Koeppens nächste Schritte. Die Familie geht ins Exil nach den Niederlanden, für den jungen Schriftsteller ist ab November 1934 für Kost und Logis gesorgt, ein Dachzimmer steht für ihn bereit.

»Ich möchte nicht sagen, ich war emigriert […] ich war umgezogen nach Den Haag«, berichtigt Koeppen in Gesprächen, etwa mit Hans Abich 1980, die gelegentlich selbst in die Welt gesetzten Legenden von einer Flucht aus Hitlerdeutschland. Daß er das Leben, auch das literarische, dort unerträglich fand, steht außer Zweifel. Aber er wollte nie Emigrant sein. Er bemühte sich in all den Jahren von den Niederlanden aus in Briefen an Herbert Ihering darum, in Kontakten mit reichsdeutschen Zeitungen in

Reiseprospekt und Zimmerbeleg
von Koeppens Frühjahrsreise
1934 nach Italien

»Sehr geehrter Herr Koeppen!
Da ich leider in der Berliner
Börsen-Zeitung Verwendung für
Sie nicht habe, habe ich nichts
dagegen einzuwenden, dass Sie
Ihrer Gesundheit wegen ein
wärmeres Klima aufsuchen.«
(Aus dem Kündigungsbrief der
Berliner Börsen-Zeitung vom
6. Januar 1934)

Deutschland zu arbeiten und zu publizieren. Am 18. Mai 1935 bittet er Ihering, ihm eine Pressekarte für die Film-Biennale in Venedig zu besorgen:
»Dann aber möchte ich auch über die Filme schreiben. Und drittens denke
ich mir diese Arbeit als ein sehr gutes (neues) Debut für Berlin, wohin ich
dann von V. aus zurück kehren möchte.« (AdK, Nachlaß Ihering) Das Leben in Holland vom Herbst 1934 bis November 1938 ist nicht frei von
Rücksichtnahmen auf die Gastgeber, aber nicht unbequem. Er hat sein
Auskommen, er lebt auf Distanz zum alles durchdringenden Faschismus.
Er verfügt über unbegrenzte Zeit zum Schreiben. Kontakte zur Emigrantenszene meidet er eher. Von den angeblich regelmäßigen Treffen mit
Klaus Mann findet sich in dessen minutiös alle Begegnungen protokollierenden Tagebüchern (auch in den unpublizierten Passagen) keine Spur.
Der Erstling *Eine unglückliche Liebe* erscheint kurz nach seiner Ankunft in
den Niederlanden bei Bruno Cassirer in Berlin. Mit dem Presseecho darauf
kann er zufrieden sein. »Eine Entdeckungsfahrt in die deutsche Prosa [...].
Das Versprechen eines Dichters. Ein herrliches Buch«, jubelt Herbert Ihering im *Berliner Tageblatt*, Ihering, der einst schon Brecht mit seinem ersten
Stück den Ruhm eingeläutet hatte. Mit einer weiteren Besprechung aus der
Magdeburgischen Zeitung wirbt der Verlag: »Wirbelnd und virtuos entfesselt
Koeppen mit der Leichtigkeit, die ihm zur Verfügung steht, eine Fülle von

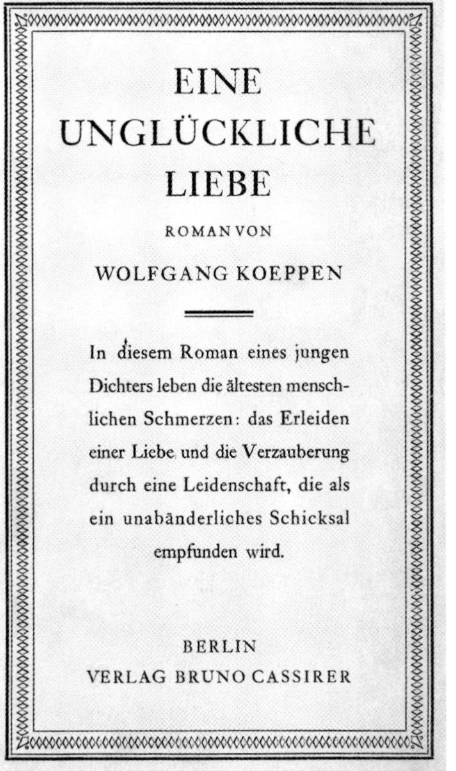

Die erste Buchveröffentlichung:
Eine unglückliche Liebe. Roman,
Berlin: Bruno Cassirer 1934

Bildern. Seine Heldin Sybille behauptet sich in einem immer eindringlicheren Bildnis, dessen unbändiges Wesen Koeppen bis zu faszinierender Wirkung geglückt ist.« Und in der *Kölnischen Zeitung* hieß es am 23. Dezember 1934: »Der Erstlingsroman eines jungen Schriftstellers, der sich durch die Originalität seiner Sprache, die Konsequenz seiner Psychologie und die großartige dichterische Einseitigkeit seiner Leidenschaft als Werk einer Persönlichkeit über zahllose Neuerscheinungen dieses Herbstes hinaushebt: das ist Wolfgang Koeppens hinreißendes Buch ›Eine unglückliche Liebe‹.« Später hat Koeppen lieber jenen Verriß aus einer Sammelbesprechung von Herbert G. Göpfert erwähnt, die den Verfasser des Romans in die Nähe der verfemten Literatur rückte:

»Was soll man aber von einem ›jungen Dichter‹ sagen, der uns ein Erstlingswerk beschert, das ganz und gar den Geist von jenem Ungeist ist, der nunmehr seit zwei Jahren auf eine recht deutliche Weise aus Deutschland vertrieben wurde? […] Schriebe ein alter und emigrierter Mann Derartiges, dann würde man's begreifen, – aber ein junger Dichter, heute? Da kann man nur wünschen: Arbeitsdienst!« (*Berliner Börsen-Zeitung*, 23. Dezember 1934)

Was hat die späte Erinnerung – oder Umdichtung – aus diesen Formulierungen gemacht?

»Diese Kritik schmeichelte mir sehr«, erzählt Koeppen Reich-Ranicki. »Da stand: ›Nun haben wir Thomas Mann, Heinrich Mann, Döblin aus dem Land gejagt, und jetzt kommt ein junger Mensch und will dies fortsetzen.‹ Diese Kritik endete damit, da kann man nur eins wünschen: ›Arbeitslager‹. Da ich das in Holland las, freute mich, amüsierte mich diese Kritik. Ich war durchaus einverstanden damit.« (*Ohne Absicht*, S. 92)

Döring macht in seiner Arbeit darauf aufmerksam, daß Koeppen dagegen eine andere Nennung des Romans in einer Sammelrezension aus Klaus Manns Zeitschrift *Die Sammlung* (Heft 7, 1935), die ihm höchst unangenehm gewesen sein muß, nie erwähnt hat. (Er streift sie ganz kurz in einem unveröffentlichten, viel späteren Fragment über die Zeit in den Niederlanden, in *Zwart Water*, aber daraus sollte ja ein Roman werden). Überschrift: *Die Angeglichenen*, Verfasser: Kurt Kersten. Mit drei Autoren geht er ins Gericht, die, wie er meint, »früher zur linksradikalen Literaturfront« gehörten, Renegaten also der einstigen gemeinsamen Sache, Hans Georg Brenner, Günther Weisenborn und Wolfgang Koeppen. Mit ihrem Rückzug auf ganz persönliche Themen, die Liebe vor allem, ihrer diffusen »Zeitlosigkeit« vermieden sie die politische Stellungnahme und fielen damit den Kollegen in der Emigration in den Rücken: »ein kleines Kind ist heute in Deutschland nicht so ahnungslos, wie diese Schriftsteller es zu sein behaupten.« Er sieht in ihnen Abtrünnige, jenen zugehörig, die dem Ruf der Zeitschrift *Die Sammlung* nach Bündelung der geistigen Kräfte des anderen, des besseren Deutschland gegen den Nationalsozialismus aus »Ohnmacht« oder aus Feigheit nicht Folge leisten.

Max Tau, der Lektor des Bruno Cassirer Verlages, der eigentliche Entdecker des Romanciers Koeppen und ein treuer Freund, schreibt dem verzagten Autor am 6. Mai 1935 nach Den Haag:
»Mein lieber und sehr verehrter Herr Koeppen,
dass es ein Ostpreußen-Roman wird, darüber bin ich direkt glücklich, denn nun haben Sie ja doch alle Hemmungen beiseitegestellt und das getan, was ich wollte.« (WKA)
Tau versucht, dem deprimierten Autor Mut zu machen, schreibt gegen dessen Depressionen an. Das Buch, an dem Koeppen arbeitet, hat eine bemerkenswerte Titel-Geschichte, will sagen Geschichte der Titelgebung, die zum Politikum wird.
1983, im Vorspruch der Neuauflage dieses Romans von 1935, *Die Mauer schwankt*, distanziert sich Koeppen auf raffinierte Weise von diesem Buch und bekennt sich gleichzeitig zu ihm. Enragiert wehrt er sich gegen den Titel, der für die zweite Auflage 1939 geändert wurde: »Aus der Liquidationsmasse des Cassirer Verlages waren Restbestände der kleinen Auflage an einen anderen Verlag verkauft worden, und ohne mein Zutun wurde ihnen für den neuen Vertrieb der Titel *Die Pflicht* aufgeklebt. Diese falsche Firmierung kehrte ins Gegenteil, was ich hatte andeuten und sagen wollen.« (*GW 1*, S. 165)
Die Dokumente der Produktionsgeschichte des Buches erzählen eine andere Geschichte: Der Verlags-Vertrag zwischen Bruno Cassirer und Wolfgang Koeppen vom 24. August 1935 hat zum Gegenstand einen Roman *Die Pflicht und die Strenge*. Am 15. August 1935 bereits hatte Koeppen das Manuskript an Herbert Ihering geschickt und im Begleitbrief bemerkt: »Der Titel war *Die Pflicht und die Strenge*, doch steht er, weil von T. [Tau] nicht gut gefunden, nicht mehr auf der Titelseite. Eine andere Benennung gibt es vorläufig noch nicht.« (AdK, Nachlaß Ihering) In Koeppens Nachlaß existiert die Kopie eines gesetzten Korrektur-Exemplars, das den Titel *Die Pflicht und die Strenge* trägt. Am 18. Oktober 1935 sendet Koeppen das Buch mit dem neuen Titel *Die Mauer schwankt*, Theodor Wille gewidmet, nach Reinfeld. In einem langen Begleitbrief versucht er, einer mimetischen Lesart des Baurats zuvorzukommen, durch die dieser sich im Protagonisten des

BRUNO CASSIRER VERLAG · BERLIN

WOLFGANG KOEPPEN

Die Mauer schwankt

Roman. 370 Seiten. Geheftet RM 4.–, Ganzleinen RM 6.–

Wolfgang Koeppen

WOLFGANG Koeppen schildert in seinem neuen Roman das Leben eines Baumeisters, der, in eine kleine Stadt versetzt, seinen großen Bauplänen entsagen muß und glaubt durch strengste Pflichterfüllung im Geiste der früheren Generation sein Leben erfüllen zu können. Aber er muß begreifen, daß der scheinbar unangreifbare Wert dieser alten Begriffe fragwürdig zu werden droht. Es gelingt Koeppen meisterhaft, das langsame Wachsen dieser Erkenntnis fühlbar zu machen mit all ihren Folgen für den Baumeister und seine Familie, für das Leben der ganzen, vom Kommenden überwältigten und doch vom Vergangenen nicht losgelassenen Vorkriegsgeneration. Der Kampf eines aufrechten Mannes um den Sinn seines Lebens, die imponierende Konsequenz des Verzichtes auf die „Welt", die ihm auf einer abenteuerlichen Reise in den Süden unvergeßliches Erlebnis und brennende Erinnerung geworden ist, das Leben der kleinen Stadt und ihrer Bewohner, die von der Ahnung des der Welt drohenden Gewitters überschattet und bedrückt, eine unbegreifliche Wandlung ihres eigenen Lebens an sich erfahren – das alles ist mit erstaunlicher Sicherheit zu einem der eigenartigsten Romane der neuen Literatur gestaltet.

Früher erschien:

Eine unglückliche Liebe

Roman. 258 Seiten. Geheftet RM 3.50, Ganzleinen RM 4.80
Der Roman wurde ins Holländische übersetzt

„Wirbelnd und oft virtuos entfesselt Koeppen mit der Leichtigkeit, die ihm zur Verfügung steht, eine Fülle von Bildern. Seine Heldin Sybille behauptet sich in einem immer eindringlicheren Bildnis, dessen unbändiges Wesen Koeppen bis zu faszinierender Wirkung geglückt ist." *Magdeburgische Zeitung.* „Ein Kunstwerk der Prosa. Das Versprechen eines Dichters. Ein herrliches Buch." *Herbert Jhering im Berliner Tageblatt.*

Verlangen Sie unseren literarischen Gesamtprospekt

Die Pflicht, Berlin: Universitas 1939 (Neuauflage von *Die Mauer schwankt*), Umschlag und Titelblatt

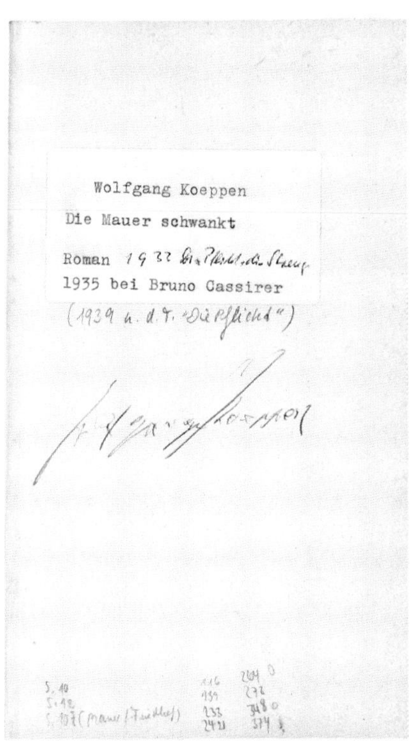

Korrektur-Exemplar mit dem ursprünglichen Titel *Die Pflicht und die Strenge*, der später zu *Die Mauer schwankt* verändert wurde

linke Seite:
Einzelblattprospekt des Bruno Cassirer Verlages für *Die Mauer schwankt* 1935

Romans, im Baurat Johannes von Süde, in seiner Person und in seiner Weltanschauung verzerrt, »geradezu konträr« gespiegelt sehen könnte. Er verteidigt eine »innere Wahrheit« und skizziert die Grundabsicht des Buches: »In ihm geht es [...] um die Idee des rechten Todes und des rechten Lebens, um die Idee des Glücks und um die Idee der Einsamkeit, um die der Pflicht und um die der Generationen.« (WKA)

Zur Rezeption des Buches findet der Schelm Koeppen im Vorwort zur Neuauflage eine aparte Formulierung: »Ich darf sagen, die Mauer schwankte unter Ausschluß der Öffentlichkeit.« (*GW 1*, S. 165) Koeppens Pressemappe belegt demgegenüber die Reaktion der Öffentlichkeit, jede Besprechung ist als Zeitungsausschnitt auf braunen Karton geklebt, und alle renommierten deutschen Zeitungen sind vertreten.

Die zahlreichen ausführlichen Briefe Koeppens an die Tante Olla geben Einblick in seine melancholische Grundstimmung, in seine Einsamkeit, sein lustloses Begehren junger Mädchen, in die Leere von Zufallsbekanntschaften und in die vorankommenden oder stockenden Schreibprojekte der Jahre 1936 und 1937: «Arbeit ist wieder mein Los; harte Arbeit, aufreibende Arbeit; Hoffnungslosigkeit – man fängt immer wieder von vorne an. [...] Schlimmer noch die Abende: Blütengerüche in einer milden Luft und ein erschreckend roter Mond über den Dünen. Ach, wer ein Nachtwandler wäre! Was sich mir bietet, ist immer ein Anspruch, eine Aufgabe, eine Forderung, ein Befehl. Und nie gibt sich mir das Leben.« (WKA, undatiert, Frühjahr 1936) Solche Stimmungen wechseln mit Phasen des Auftriebs: unzählige Projekte entstehen dann, man muß von Phantasieschüben reden. Koeppens spätere Schreibschwierigkeiten sind in diesen Briefen schon ganz gegenwärtig: »Ich fühle, glaube zu fühlen, deutlich zu spüren, nach Wochen der schwersten Störungen, des verlorenen Gleichgewichts, der Heimsuchungen und der, wie es schien, Schwächungen, nicht nur eine Wiederkehr, sondern eine Zunahme meiner produktiven Kräfte. Ich bin gewissermassen von einer Reise heimgekehrt, von einer Fahrt ins Dämonenreich und mit dem Schatz der Erlebnisse und sonderbaren Gesichte.« (WKA, Poststempel 21.5.1936) Am 23. Juni 1936 muß Koeppen der Tante über den Fortgang, besser Nicht-Fortgang seiner Arbeit berichten: »Sie ist im Verlauf verschiedener Störungen zu ungleichmässig, zu nervös und im an sich schon sehr komplizierten Vorgang zu hintergründig, verworren und für den Leser, wie ich fürchte, unklar geworden. Ich habe mich darum, nach langen Kämpfen mit mir selbst, entschlossen, sie, gegen meine Gewohnheit, umzuschreiben, um mit einem klarer geführten Stil den magischen Gehalt klüger darzustellen. Dieses wird mich leider den ganzen Juli und August über in Atem halten. Ich werde also erst zum September fertig

In den dreißiger Jahren

und frei sein.« (WKA) Das geplante Buch wird auch in den nächsten zwei Jahren nicht fertig. Koeppens spätere Auskünfte über diesen gescheiterten Roman-Versuch, Die *Jawang-Gesellschaft*, klaffen weit auseinander: in den Niederlanden zurückgelassen, in den USA verschollen, bei Bombenangriffen auf Berlin verbrannt.

Im Sommer 1936 wird Herbert Ihering aus dem Feuilleton des *Berliner Tageblatts* entlassen. Das wird Folgen zeigen auch für das Leben Koeppens, denn Ihering findet schon bald eine neue Tätigkeit im Besetzungsbüro der Tobis Filmkunst GmbH (Döring, S. 159). Koeppen, schon seit längerem ja neugierig auf das Filmgeschäft, phantasiert postwendend an Ihering: »Ich weiß, man kann mit den Mitteln des Films dichten, man müßte der Autor und der Regisseur [...] sein. [...] Der Film lockt mich ungeheuer.« (1. Oktober 1936, AdK, Nachlaß Ihering) Am 7. Juli 1938 dann rückt er mit seinem Wunsch heraus: »Meine Bitte an Sie ist die, mir zu einer Filmarbeit zu verhelfen, wenn Ihnen dies möglich sein sollte. Ich würde dann nach B. kommen; was ich sonst schon aus materiellen Gründen nicht kann, weil ich gar nicht weiss, wovon ich dort zunächst leben sollte. Der Film scheint mir der einzige Weg zu sein – und selbst mehr als nur ein Ausweg: die einzige, wirkliche und noch lockende Möglichkeit.« (AdK, Nachlaß Ihering)

Daß der Plan zur Rückkehr nach Deutschland Skrupel auslöst, teilt Koeppen – verschlüsselt – Tante Olga mit:

»Ein Traum: In einem reißenden Wasser kämpft ein Mann gegen den Strom. Vorwärts kommt er nicht, seine Kraft reicht grade, sich am Ort zu

behaupten. Aenderte er die Richtung seines Schwimmens – er dürfte ru-
hen: weit würde der Strom den Mann fort tragen. Das aber erschreckt den
Schwimmer. Er ist zwar der Ruhe bedürftig und sie lockt ihn. Aber er
weiß: schwimmt er erst mit dem Strom, dann wird seine Kraft nicht mehr
reichen, sich an seinem Ort zu behaupten.« (Poststempel 13.3.1937)
Der Entschluß steht nun fest. Am 28. Oktober 1938 stellt die Lufthansa das
Flugticket Rotterdam–Berlin für den 14. November aus. Daß fünf Tage vor
Antritt des Rückflugs in Deutschland die Synagogen brennen, jüdische Ge-
schäfte zerstört, Juden ermordet, in Lager verschleppt würden, konnte
Koeppen nicht ahnen. Seine Reaktionen kennen wir nicht.

Von Berlin aus reist Koeppen weiter nach Reinfeld zu den Verwandten, dort war er die ganzen Auslandsjahre über weiterhin polizeilich gemeldet, dort hatte er seine Sachen untergestellt, weshalb durchaus nicht alles im Bombenbrand zerstört wurde. Den Winter verbringt er überwiegend auf Sylt, lernt Ernst von Salomon kennen, der sich im »Dritten Reich« als Drehbuchautor für Unterhaltungsfilme betätigt. Der Universitas Verlag, den nun der Freund Hans Georg Brenner leitet, übernimmt aus der Liquidationsmasse des Cassirer Verlages neben Büchern von Marie Luise Kaschnitz auch das Werk Wolfgang Koeppens. Im Verlagsprospekt vom Frühjahr 1939 werden *Eine unglückliche Liebe*, die Neuauflage von *Die Mauer schwankt* unter dem Titel *Die Pflicht* und ein weiterer Roman angekündigt: *Mit Einsetzen der Flut*. Es scheint sich um den Roman zu handeln, der ihn auf Bitte des Universitas Verlages an die Reichsschrifttumskammer vom 17. April 1940 vor der Einberufung zur Wehrmacht schützt. Erschienen ist er nicht. Gelegentlich bringt Koeppen Zeitungsbeiträge unter, in der *Frankfurter Zeitung*, in *Das Reich*, in der *Kölnischen Zeitung*, noch 1943 zwei Rezensionen in *Die Woche*.

Im Aufnahmeantrag für die Reichsschrifttumskammer vom Januar 1939 (der nun noch einmal nötig wurde) ergänzt Koeppen seine Angaben über die eigenen literarischen Aktivitäten: »Auch habe ich mich neuerdings der Manuskript-Arbeit für den Film zugewandt«, und gibt für seine Tätigkeit 1938/39 unter der Rubrik Film an: »Exposé zu einem Film *Das Leben gehört uns*«, die Produktionsfirma: Tobis-Sascha, Wien. Der Start ins neue Metier scheint geglückt. Jörg Döring kann mit Sicherheit die Mitarbeit an mindestens 10 Filmprojekten nachweisen (Döring, S. 170). Sie reicht von bloßen »Ideen« über den »Handlungsaufriß«, das »Kurzexposé«, das »Rohdrehbuch« und ein 33seitiges Szenarium bis zum kompletten Drehbuch. Ein komplettes Drehbuch ist jedoch nur in einem Fall vorhanden, *Romeo und Julia auf dem Dorfe*, eine Filmversion von Gottfried Kellers fast bis zur Unkenntlichkeit uminterpretierter Novelle. Das Drehbuch, vermutlich 1941 geschrieben, ist eine Gemeinschaftsarbeit von Harald Bratt, Wolfgang Koeppen und Hans Kyser; als Bearbeiter ist Paul Verhoeven genannt, der auch die Regie führen soll. Warum der Film dann 1943 unter dem Titel

Romeo und Julia auf dem Dorfe, um 1941, das einzige vollständig ausgearbeitete Filmdrehbuch von Wolfgang Koeppen (als Mitautor)

Jugendliebe in die Kinos gelangt und von den vier Mitarbeitern keiner mehr genannt wird (für Drehbuch und Regie zeichnet jetzt Eduard von Borsody), ist nicht geklärt (Döring, S. 215-219).

In der Mehrzahl arbeitet Koeppen an Literaturverfilmungen, ein Krimi entsteht, eigene Stoffe werden fixiert; Arbeitgeber die Tobis-Sascha Wien, die Filmgesellschaft Styria, ab 1943 die Bavaria-Filmkunst G.m.b.H. in München-Geiselgasteig. Die geschäftlichen Beziehungen, die hilfreichen Bekanntschaften (mit Paul Verhoeven und Ernst von Salomon etwa und der Ufa, mit Wolfgang Liebeneiner und dem Chef der Bavaria, Hans Schweikart) und die engen persönlichen Freundschaften (mit Ferdinand Marian, dem Jud-Süß-Darsteller in Veit Harlans berühmt-berüchtigtem Film) überlagern sich zu einem unentwirrbaren Filz.

Koeppens spätere zögerlichen Antworten auf Fragen haben zur Aufklärung wenig beigetragen. Gesichert ist, daß er an mehr als vier (diese Zahl nennt er Reich-Ranicki) Filmen beteiligt war, nicht nur »völlig unpolitische, dumme Filme« (Treichel, S. 225) konzipiert hat, er sich noch 1944 zu Dreharbeiten für den Film *Die Nacht der 12* mit Ferdinand Marian im besetzten Prag aufhält. (Dieser Film kommt erst 1949 in die Kinos, da war der Hauptdarsteller Marian, der seit 1945 nicht mehr filmen durfte, bei einem Unfall umgekommen. Von den ursprünglichen Drehbuchautoren Ernst von Salomon und Wolfgang Koeppen erfährt der Kinobesucher nichts.)

Fast keiner seiner Entwürfe scheint verwirklicht worden zu sein, trotzdem

MG / PS / G / 9a
(Rev. 15 May 45)

MILITARY GOVERNMENT OF GERMANY
Fragebogen

WARNING: Read the entire Fragebogen carefully before you start to fill it out. The English language will prevail if discrepancies exist between it and the German translation. Answers must be typewritten or printed clearly in block letters. Every question must be answered precisely and conscientiously and no space is to be left blank. If a question is to be answered by either "yes" or "no", print the word "yes" or "no" in the appropriate space. If the question is inapplicable, so indicate by some appropriate word or phrase such as "none" or "not applicable". Add supplementary sheets if there is not enough space in the questionaire. Omissions or false or incomplete statements are offenses against Military Government and will result in prosecution and punishment.

WARNUNG: Vor Beantwortung ist der gesamte Fragebogen sorgfältig durchzulesen. In Zweifelsfällen ist die englische Fassung maßgebend. Die Antworten müssen mit der Schreibmaschine oder in klaren Blockbuchstaben geschrieben werden. Jede Frage ist genau und gewissenhaft zu beantworten und keine Frage darf unbeantwortet gelassen werden. Das Wort „Ja" oder „Nein" ist an der jeweilig vorgesehenen Stelle unbedingt einzusetzen. Falls die Frage durch „Ja" oder „Nein" nicht zu beantworten ist, so ist eine entsprechende Antwort, wie z. B. „keine" oder „nicht zutreffend" zu geben. In Ermangelung von ausreichendem Platz in dem Fragebogen können Bogen angeheftet werden. Auslassungen sowie falsche oder unvollständige Angaben stellen Vergehen gegen die Verordnungen der Militärregierung dar und werden dementsprechend geahndet.

A. PERSONAL / A. Persönliche Angaben

1. List position for which you are under consideration (include agency or firm). — 2. Name (Surname). (Fore Names). — 3. Other names which you have used or by which you have been known. — 4. Date of birth. — 5. Place of birth. — 6. Height. — 7. Weight. — 8. Color of hair. — 9. Color of eyes. — 10. Scars, marks or deformities. — 11. Present address (City, street and house number). — 12. Permanent residence (City, street and house number). — 13. Identity card type and Number. — 14. Wehrpass No. — 15. Passport No. — 16. Citizenship. — 17. If a naturalized citizen, give date and place of naturalization. — 18. List any titles of nobility ever held by you or your wife or by the parents or grandparents of either of you. — 19. Religion. — 20. With what church are you affiliated? — 21. Have you ever severed your connection with any church, officially or unofficially? — 22. If so, give particulars and reason. — 23. What religious preference did you give in the census of 1939? — 24. List any crimes of which you have been convicted, giving dates, locations and nature of the crimes. —

1. Für Sie in Frage kommende Stellung: **Journalist / Schriftsteller**
2. Name: **Koeppen** Zu-(Familien-)name **Wolfgang** Vor-(Tauf-)name — 3. Andere von Ihnen benutzte Namen oder solche, unter welchen Sie bekannt sind **keine**
4. Geburtsdatum **23. Juni 1906** — 5. Geburtsort **Greifswald**
6. Größe **178** — 7. Gewicht **55kg** — 8. Haarfarbe **braun** — 9. Farbe der Augen **blaugrün**
10. Narben, Geburtsmale oder Entstellungen **keine**
11. Gegenwärtige Anschrift **München, Ungererstr. 43** (Stadt, Straße und Hausnummer)
12. Ständiger Wohnsitz **Feldafing Höhenweg 122** (Stadt, Straße und Hausnummer)
13. Art der Ausweiskarte **Personalorts** Nr. **keine** — 14. Wehrpaß-Nr. **06/196/33/9** — 15. Reisepaß-Nr. **keine**
16. Staatsangehörigkeit **Deutsche** — 17. Falls naturalisierter Bürger, geben Sie Datum und Einbürgerungsort an **nicht zutreffend**
18. Aufzählung aller Ihrerseits oder seitens Ihrer Ehefrau oder Ihrer beiden Großeltern innegehabten Adelstitel **keine**
19. Religion **evangel.** — 20. Welcher Kirche gehören Sie an? **evangel.** — 21. Haben Sie je offiziell oder inoffiziell Ihre Verbindung mit einer Kirche aufgelöst? **nein** — 22. Falls ja, geben Sie Einzelheiten und Gründe an **nicht zutreffend** — 23. Welche Religionsangehörigkeit haben Sie bei der Volkszählung 1939 angegeben? **evangel.** — 24. Führen Sie alle Vergehen, Übertretungen oder Verbrechen an, für welche Sie je verurteilt worden sind, mit Angaben des Datums, des Orts und der Art **keine**

B. SECONDARY AND HIGHER EDUCATION / B. Grundschul- und höhere Bildung.

Name & Type of School (if a special Nazi school or military academy, so specify) / Name und Art der Schule (im Fall einer besonderen NS oder Militärakademie geben Sie dies an)	Location / Ort	Dates of Attendance / Wann besucht?	Certificate Diploma or Degree / Zeugnis, Diplom o. akademischer Grad	Did Abitur permit University matriculation? / Berechtigt Abitur od. Reifezeugnis zur Universitätsimmatrikulation?	Date / Datum
Realprogymnasium	Ortelsburg	1913–22	keine	nein	
Hospitant Universität	Greifswald Berlin	1924/25 1925/26	keine keine		

25. List any German University Student Corps to which you have ever belonged. — 26. List (giving location and dates) any Napola, Adolph Hitler School, Nazi Leaders College or military academy in which you have ever been a teacher. — 27. Have your children ever attended any of such schools? Which ones, where and when? — 28. List (giving location and dates) any school in which you were a Vertrauenslehrer (formerly Jugendwalter).

keinerlei

26. In welchen Napola, Adolf-Hitler-, NS-Führerschulen oder Militärakademien waren Sie Lehrer? Angaben mit genauer Orts- und Zeitbestimmung **nicht zutreffend**
27. Haben Ihre Kinder eine der obengenannten Schulen besucht? **nein** Welche, wo und wann? **keine**
28. Führen Sie (mit Orts- und Zeitbestimmung) alle Schulen an, in welchen Sie je Vertrauenslehrer (vormalig Jugendwalter) waren **nicht zutreffend**

C. PROFESSIONAL OR TRADE EXAMINATIONS / C. Berufs- oder Handwerksprüfungen

Name of Examination / Name der Prüfung	Place Taken / Ort	Result / Resultat	Date / Datum
keine			

F. PART TIME SERVICE WITH ORGANIZATIONS / F. Mitgliedschaft oder Nebendienst in anderen Organisationen

117. With the exception of those you have specifically mentioned in Sections D and E above, list: a. Any part time, unpaid or honorary position of authority or trust you have held as a representative of any Reich Ministry or the Office of the Four Year Plan or similar central control agency; b. Any office, rank or post of authority you have held with any economic self-administration organization such as the Reich Food Estate, the Bauernschaften, the Central Marketing Associations, the Reichswirtschaftskammer, the Gauwirtschaftskammern, the Reichsgruppen, the Wirtschaftsgruppen, the Verkehrsgruppen, the Reichsvereinigungen, the Hauptausschüsse, the Industrieringe and similar organizations, as well as their subordinate or affiliated organizations and field offices; c. Any service of any kind you have rendered in any military, paramilitary, police, law enforcement, protection, intelligence or civil defense organization such as Organisation Todt, Technische Nothilfe, Stoßtruppen, Werkscharen, Bahnschutz, Postschutz, Funkschutz, Abwehr, SD, Gestapo and similar organizations.

117. Unter Auslassung der bereits in Abschnitten D und E beantworteten Punkte führen Sie an:
a) Jedwedes Nebenamt, einflußreiches unbezahltes oder Ehrenamt oder Vertrauensstellung, welche Sie als Vertreter eines Reichsministeriums oder der Leitstelle für den Vierjahresplan oder ähnlicher Wirtschaftsüberwachungsstellen innehatten.
b) Amt, Rang oder einflußreichen Stellung jedweder Art, welche Sie bei den öffentlich-rechtlichen Selbstverwaltungskörperschaften innehatten, wie z. B. dem Reichsnährstand, den Bauernschaften, den Hauptvereinigungen, den Reichswirtschaftskammern, den Gauwirtschaftskammern, Reichsgruppen, Wirtschaftsgruppen, Industrieringen oder ähnlichen Körperschaften sowie bei deren untergeordneten und angeschlossenen Körperschaften und Gebietsstellen.
c) Jeglicher Dienst in militärischen, militärähnlichen, polizeilichen, Schutz-, Aufklärungs- oder Luftschutzdiensten, wie z. B. der Organisation Todt, der Technischen Nothilfe, den Stoßtrupps, Werkscharen, dem Bahnschutz, Postschutz, Funkschutz, Werkschutz, der Land- und Stadtwacht, Abwehr, der SD, der Gestapo und ähnlichen Organisationen.

From / von	To / bis	Name und Art der Organisation / Name and Art of the Organisation	Highest office or rank you held / Höchstes Amt oder Rang erreicht	Date of your Appointment / Antrittsdatum	Duties / Pflichtenkreis
I.45	IV.45	Volkssturm	keine	siehe Erklärung (Bemerkung 170)	

G. WRITINGS AND SPEECHES / G. Veröffentlichungen und Reden

118. List on a separate sheet the titles and publishers of all publications from 1923 to the present which were written in whole or in part, or compiled or edited by you, and all public addresses made by you, giving subject, date, and circulation or audience. If they were sponsored by any organization, give its name. If no speeches or publications write "none" in this space.

118. Geben Sie auf einem Extrabogen die Titel und Verleger aller von Ihnen seit 1923 bis zur Gegenwart ganz oder teilweise geschriebenen, zusammengestellten oder herausgegebenen Veröffentlichungen und alle von Ihnen gehaltenen öffentlichen Ansprachen und Vorlesungen mit Angabe des Themas, Datums, der Auflage oder Zuhörerschaft. Falls Sie unter Obhut einer Organisation standen, geben Sie deren Namen an. Falls keine Reden, Ansprachen oder Veröffentlichungen, setzen Sie das Wort „keine" ein. **Extrabogen (Bemerkung)**

H. INCOME AND ASSETS / H. Einkommen und Vermögen

119. Show the sources and amount of your annual income from January 1, 1931 to date. If records are not available, give approximate amounts.

119. Herkunft und Beträge des jährlichen Einkommens vom 1. Januar 1931 bis zur Gegenwart. In Ermangelung von Belegen sind ungefähre Beträge anzugeben.

Year / Jahr	Sources of Income — Einkommensquelle	Amount / Betrag
1931	Redakteur Berliner Börsen Courier	3600
1932	Redakteur Berliner Börsen Courier	4200
1933	Redakteur Berliner Börsen Courier	4200
1934	Schriftsteller	1500
1935	Schriftsteller	1000
1936	Schriftsteller — kein Einkommen	—
1937	Schriftsteller — kein Einkommen	—
1938	Schriftsteller	500
1939	Schriftsteller	800
1940	Schriftsteller (Bemerkung 119)	800
1941	Filmautor //Erläuterung Extrabogen//	10000
1942	Filmautor	12000
1943	Filmautor	20000
1944	Filmautor	8000
1945	bis jetzt kein Einkommen	—

120. List any land or buildings owned by you or any immediate members of your family, giving locations, dates of acquisition, from whom acquired, nature and description of buildings, the number of hectares and the use to which the property is commonly put. — 121. Have you or any immediate members of your family ever acquired property which had been seized from others for political, religious or racial reasons or expropriated from others in the course of occupation of foreign countries or in furtherance of the settling of Germans or Volksdeutsche in countries occupied by Germany? — 122. If so, give particulars, including dates and locations, and the names and whereabouts of the original title holders. — 123. Have you ever acted as an administrator or trustee of Jewish property in furtherance of Aryanization decrees or ordinances? — 124. If so, give particulars.

120. Ihnen oder unmittelbaren Angehörigen Ihrer Familie gehöriger Grundstücks- oder Hausbesitz, Erwerbsdatum, von wem erworben, Art der Häuser, Grundstücksgrößen in Hektaren, und die übliche Verwendung des Besitzes sind anzugeben.

nicht zutreffend

Fragebogen des Military Government of Germany, mit detaillierter Einkommensaufstellung, am 15. November 1945 ausgefüllt

hat er »nie leichter Geld verdient« (*Ohne Absicht*, S. 118). Die Gehaltsaufstellungen in den Anlagen zu seinem Fragebogen des Military Government of Germany von 1945 machen einen ebenso staunen wie die Formulierung: »Das Kriegsjahr 1941 machte mich zum Filmautor.«

1940	Schriftsteller	800	Mark
1941	Filmautor	10 000	
1942	Filmautor	12 000	
1943	Filmautor	20 000	
1944	Filmautor	8 000	(WKA)

Gegenüber Reich-Ranicki beteuert Koeppen: »Ich wollte überhaupt nicht, daß irgendeine Filmbearbeitung von mir im Nazi-Reich verfilmt wurde.« Wie das funktioniert hat? »Ich habe es so gemacht, daß die Leute sagten: ›Na ja, dieser Koeppen, der ist ja sehr begabt, aber er ist völlig ungeeignet für uns. Aber wir wollen ihn wieder beschäftigen. Vielleicht kommt mal was dabei raus.‹« (*Ohne Absicht*, S. 117f.)

Auf Grund der Verbindung zur Bavaria hat Koeppen nun häufig in München zu tun, Adresse: Hotel Königshof. Er verkehrt mit prominenten Film-

»Wie schade, daß ich nie der Versuchung erlegen bin, den Roman ›Clubhaus Felda-fing‹ zu schreiben.« (Wolfgang Koeppen an Georg Siedhoff, 8. Juli 1976)

leuten und gerät 1943, vermutlich durch die Freundschaft mit Ferdinand Marian, ins Clubhotel nach Feldafing am Starnberger See. »In dem Clubhaus bin ich gut aufgehoben«, schreibt er am 6. Januar 1944 an Tante Olla, »weniger durch ein Wohlleben, als dadurch dass auch dieses Haus ein Romanheim ist, wie ich schon ähnliche erlebt habe. Jeder Bewohner des Hauses ist auf seine besondere Weise wahnsinnig, und unter diesen Wahnsinnigen gibt es eine Sechzehnjährige, die Tochter eines jetzt als Major eingezogenen Münchener Rechtsanwaltes, die der eigentliche Grund meiner verzögerten Abreise ist.« (WKA)

Die Sechzehnjährige, Marion Ulrich aus München, frühreif, sexy und kapriziös, früh mit Alkohol und Männern vertraut, eine Geliebte Marians, verdreht dem Filmautor Kopf und Herz. »Sie war mehr, was man heute ein Punk-Mädchen nennt«, beschreibt sie Koeppen im Interview 1989 (Treichel, S. 214). Ein umfangreiches Konvolut in Koeppens Nachlaß gibt Zeugnis von seinem Kampf um Marion, die seine Frau wird, aber das ist ein eigenes Kapitel.

Das Clubhotel, genauer Tennishotel, Hanglage mit großem Park und Blick auf den See, etwa 70 Jahre alt und auch einmal Wohnsitz der legendären Adele Spitzeder, gehört seit 1934 dem Tennislehrer Georg Siedhoff; der ist mit Marions Schwester Lisa verheiratet: »Ein elegantes Hotel für elegante Leute, die dort entweder Tennis spielten oder mit ihrer Freundin über-

nachten wollten.« (*Ohne Absicht*, S. 130) Familie Ulrich wohnt, wohl um die
in München ständig drohenden Bombenangriffe zu meiden, dauerhaft in
Feldafing. Koeppen hat ein geräumiges Zimmer im Souterrain. Man lebt
auf großem Fuße, das Hotel wird stark frequentiert von zahlungskräftigen,
vielleicht auch etwas schillernden Gästen; die Dauerbewohner wie Koeppen und Marion zieht es nicht selten nach München, man amüsiert sich in
der Regina-Bar. »Herr Siedhoff«, erzählt Koeppen Marion 1943/44 in einer
langen Epistel, »Herr Siedhoff sagte mir am Sonnabend, als er mir meine
letzte Rechnung gab: ›Eigentlich müßte ich Sie stoppen. Sie verschwenden
hier ein kleines Vermögen.‹« (WKA, Mappe *Marion*)
Dem Germanisten Manfred Durzak erzählte Koeppen 1984 von seinem
Überleben im Dritten Reich, vom Ausstieg aus dem Filmgeschäft im November 1943 und vom Untertauchen: »Also setzte er [Siedhoff] mich in seinen
Keller. In seinem Keller habe ich ein halbes Jahr von rohen Kartoffeln gelebt. Dann war die Geschichte aus. Dann konnte ich hervorkommen.
Warum ich das getan habe? Ich bin kein Held, absolut nicht, ich bin das
Gegenteil davon. Aber dies eine, für Herrn Hitler Soldat werden, das
wollte ich nicht.« (Treichel, S. 184)
Im Fragebogen der amerikanischen Militärregierung setzt er bei Frage Nr.
117: »Mitgliedschaft oder Nebendienst in anderen Organisationen« ein: »I.
45 bis IV. 45 Volkssturm.« Wie er das hinter sich gebracht hat, ohne »für
Herrn Hitler Soldat« zu sein, schildert er in der Anmerkung zu Nr. 117c:
»Im Januar 1945 wurde es in dem kleinen Ort Feldafing unmöglich, sich
der sogenannten Volkssturmpflicht noch länger zu entziehen zumal meine
Wehrverhältnisse sowieso schon lebensgefährlich waren. Ich mußte mir
also jede Woche einen blödsinnigen Vortrag anhören und am Sonntag vor-
mittag im Schnee stehen. Für den Ernstfall war ich entschlossen, zu verschwinden oder Wahnsinnsbefehle zur Verteidigung des Ortes zu sabotie-
ren. Es kam nicht zu dem Ernstfall.« (WKA)
»Wehrverhältnisse« – wahrlich eine eulenspiegelreife Formulierung!

Zwischen Gestern und Morgen
Kriegsende und Neubeginn

Koeppens Erzählung von Kriegsende und Neuanfang beginnt stets bei der verpaßten Begegnung mit Klaus Mann, immer mit dem Tenor, Klaus Mann sei eigens nach Feldafing gereist, um den alten »Freund« aufzusuchen und für die neue, die gute Sache zu gewinnen. In Klaus Manns Tagebuch steht unter dem 12. Mai 1945 nach der Wiederbegegnung mit München: »Long walk through destroyed city. Ride to Feldafing: visit with Roth a. Hörschelmann.« (Klaus Mann, *Tagebücher*, 1945, Klaus Mann Archiv, Mon) Der Maler und Sammler Rolf von Hoerschelmann war mit der Familie Mann seit Jahrzehnten eng befreundet. Seine Erinnerungen *Leben ohne Alltag* klingen aus mit ebendieser Episode: »Unerwartete Besuche von Freunden, in der Uniform der amerikanischen Soldaten, brachten mir wieder die erste Berührung mit der Außenwelt, von der ich acht Jahre lang abgeschlossen gewesen war.« (Rolf von Hoerschelmann 1947, S. 247f.) Hoerschelmann gehörte zu den gelegentlichen Gästen des Clubhotels. Er wird Klaus Mann auf den Bewohner im Souterrain aufmerksam gemacht haben. Der traf nur Marion an, die gerade dabei war, einen ärgerlichen Brief an Koeppen zu schreiben, weil sie sich verlassen fühlte. Klaus Mann schreibt auf demselben Blatt weiter, notiert seine Telefonnummer und die Adresse beim 7th Army Press Camp in Rosenheim und rät Koeppen, sich bei der neuen Zeitung der Amerikaner zu melden: »Man sucht dort <u>dringend</u> nach zuverlässigen Journalisten und Redakteuren.« (WKA)

Zum Start ins neue Zeitalter müssen vielerlei bürokratische Hürden genommen werden. (Zum Beispiel braucht man ein Railway Travel Permit von München nach Tutzing). Bevor irgendeine Tätigkeit aufzunehmen ist, muß der bereits mehrfach zitierte Fragebogen der Militärregierung mit seinen 131 Ziffern und vielerlei Ergänzungen ausgefüllt werden. Koeppens beigefügter Lebenslauf zeigt in der Zurichtung der Fakten vor allem den versierten Romancier, auch den gekonnten Einsatz wirksamer rhetorischer Mittel.

Selbstverständlich wird er von der Spruchkammer in Starnberg als »nicht betroffen« (WKA) eingestuft. Mitgliedschaft im Schutzverband Deutscher Schriftsteller und Presseausweis folgen. Verlagskontakte werden wiederaufgenommen. Der Lektor der Deutschen Verlagsanstalt in Stuttgart signali-

RAILWAY TRAVEL PERMIT 26514

Koeppen Wolfgang employed by Selbstständig

in essential work is authorized to travel by rail from München

to Tutzing and return daily except --

This permit expires 31. 12. 45

BY ORDER OF MILITARY GOVERNMENT

MILITARY GOVERNMENT DETACHMENT

»Um von Feldafing nach München irgendwie zu kommen, per Bahn, per Anhalter oder irgendwas, brauchte ich einen Passierschein.« (Treichel, S. 148)

siert bereits am 10. Oktober 1945 seine Freude über ein versprochenes Romanmanuskript, ein Manuskript, das Koeppen am 9. Januar 1946 auch dem Rowohlt Verlag anbietet und das dort gleichfalls auf großes Interesse stößt. Rudolf Schneider-Schelde gegenüber hält Koeppen am 7. Juni 1946 fest: »Ich habe nun doch den Roman weitergeschrieben. Mit einem guten Gefühl; wenn auch mit dem, dass er nicht willkommen sein wird. Aber jedenfalls – wirklich – er wird fertig werden. Ich hoffe dann später auch für Kästner's Zeitung schreiben zu können.« (Nachlaß Schneider-Schelde, Mon) Unter den zahlreichen Fragmenten seines Nachlasses finden sich keine Hinweise auf diesen Roman.

Für Kästners *Die Neue Zeitung* schreiben, das hat Koeppen längst getan, allerdings immer unter Kürzeln. Jörg Döring hat zehn Feuilletons ermittelt (zwischen Januar 1947 und Januar 1948), Besprechungen von Boulevard- und Kabarettaufführungen, Filmglossen u. a.

Schließlich eröffnet eine alte Bekanntschaft eine neue Tätigkeit. Herbert Kluger, zum Freundeskreis um Sybille Schloß gehörend, hatte den unbeschäftigten und ein wenig dramaturgieerfahrenen Koeppen schon 1931 in ausführlichen Briefen zur Gründung eines anspruchsvollen Privattheaters in München gewinnen wollen. Jetzt hat er sich kühn auf ein eigenes Verlagsunternehmen eingelassen, und seit 4. Juni 1946 ist Koeppen als Lektor angestellt. Im Oktober 1947 erscheint dort eine Neuausgabe von Émile Zolas Roman *Germinal*: »Die Ausgabe besorgte auf Grund älterer Übertragungen Wolfgang Koeppen (geb. 1906)«, auch das Vorwort stammt von ihm.

Neben solchen literarischen Titeln erscheinen im Kluger Verlag zwei

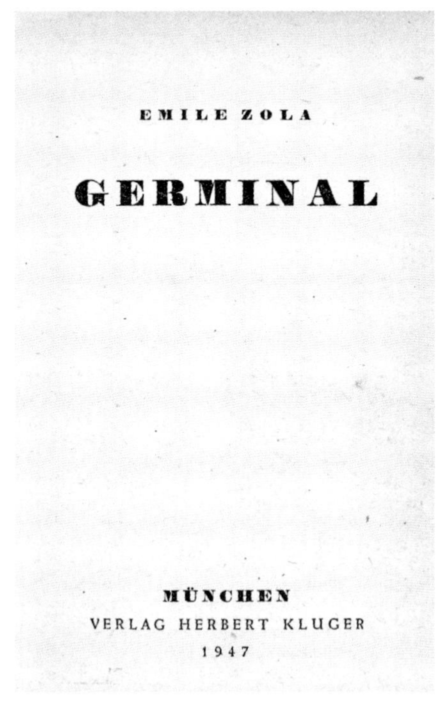

Émile Zola: *Germinal.* Herausgegeben und mit einem Nachwort von Wolfgang Koeppen, München: Verlag Herbert Kluger 1947

Jakob Littner: *Aufzeichnungen aus einem Erdloch*, München: Verlag Herbert Kluger 1948. (Erste Ausgabe des Buches, ohne Erwähnung des Bearbeiters Wolfgang Koeppen)

rechte Seite:
Zola war dem Leser und Essayisten während seines ganzen Lebens eine Würdigung wert.

Bücher zur allerjüngsten Vergangenheit: Arnold Weiß-Rüthels *Nacht und Nebel – Aufzeichnungen aus fünf Jahren Schutzhaft* (1946) und 1948 Jakob Littner: *Aufzeichnungen aus einem Erdloch.* Was der Lektor und der Autor Wolfgang Koeppen mit diesem Buch zu tun hat, wird 40 Jahre später im Zusammenhang mit dem »Fall Littner« genauer beleuchtet werden. Am 10. September 1974 erinnert sich Wolfgang Koeppen in einem Brief an Siegfried Unseld: »Situation der Entstehung: unmittelbare Nachkriegszeit, Trümmerstadt München, Umwertungen, Gründerjahre, ein langjähriger Bekannter von mir, eine Randerscheinung der literarischen Szene, ein Bohemien bekam eine Verlagslizenz ohne verlegerische Erfahrung und ohne Geld, dann ein münchner Bürger, Jude, der nach Polen verschleppt worden war, [...] das nach den Ereignissen konstruierte Tagebuch eines gänzlich unliterarischen Menschen [...], ein Schriftsteller, ich, der sich, befreit, nicht zurecht fand, [...] und sich überreden ließ, für das Versprechen einiger Care-Pakete den Text des geretteten jüdischen Herren zu korrigieren, was nicht zu machen war, [...] nicht von diesem Schriftsteller, der schließlich zum ghost-writer wurde.« (KU Nr. 236)

Ein Vater der Moderne

Emile Zola · Von WolfgangKoeppen

Emile Zola wurde am 2. April 1840 in Paris geboren, in eine der ersten, wegweisenden und hoffnungsvollsten Epochen naturwissenschaftlicher Forschungen und Erkenntnisse, die das Ende der romantischen und idealistischen, der sentimentalen und verlogenen, einer peinlich demütigen und lächerlich eingebildeten Weltbetrachtung bedeuteten und die Menschen hätten vernünftiger, die Erde bewohnbarer, das Leben humaner machen können, die meisten aber im Gegenteil zunächst mehr verwirrten als aufklärten, ihnen neue Ängste brachten, ihren Egoismus, ihren Geburts- und Clandünkel, ihre Gegensätzlichkeiten und Feindschaften hochtrieben, statt sie das allgemeine Miteinander rechtzeitig vor den Katastrophen, die kommen sollten, zu lehren.

Stendhal, der aus dem achtzehnten Jahrhundert kam und begeistert gewesen und betrogen worden war von einem Kondottiere und seiner Diktatur, starb 1842. Zola nannte ihn später unter Freunden, die Stendhal für nichts als einen dürren Stilisten hielten, den sie in eine fünfzig Jahre dauernde Vergessenheit drängten, zwar einmal „unser aller Vater", sonst aber einen noblen Schriftsteller, der ihn beinahe auf den Irrweg des Elitären geführt habe. Balzac, um 1850 begraben, galt unter den aufsteigenden Literaten von 1860 als überaus geschätzter Meister und doch als Scharlatan, der so vieles falsch gesehen und sich hatte entgehen lassen und nun im Lauf der Entwicklung, des natürlichen Fortschritts der Gesellschaft und der geistigen Bestrebungen zu berichtigen und zu übertreffen war. Nicht mehr die „Menschliche Komödie", die „Soziale Tragödie" sollte bloßgelegt und seziert werden. Victor Hugo und Zola waren Sterne, die einander abstießen, wenn ihre Bahnen sich auch zuweilen berührten. Hugo nannte Napoleon III., „le petit Napoléon", „ein schmutzbedecktes Schwein, das sich auf dem Löwenhaut wälzt". Die Franzosen wiederum hießen Zola, den fleißigen Verfasser des in zwanzig Jahren geschriebenen zwanzigbändigen Romanwerks „Les Rougon-Macquart", die „psychologisch-soziale Geschichte einer Familie unter dem zweiten Kaiserreich", ein Schwein ohne Attribut und verschlangen jedes seiner Bücher in einer Auflage von hunderttausend Stück. Charles Baudelaire, der verrufene Dichter der „Blumen des Bösen", liebte es, andere Genies zu entdecken, doch nicht den Kollegen Emile Zola, den er wahrscheinlich für einen Kolporteur hielt, sondern den überseeischen „Poète maudit" Edgar Allan Poe, den er rühmte und von dem er im Nachruf sagte: „Betet für ihn." Mit Poes phantastischen, schönen, grausamen, verfolgungswahnsinnigen Geschichten hatte Baudelaire die amerikanische Literatur und den Kriminalroman in Europa eingeführt. Ein zweites Genie, dem Baudelaire Paris erobern wollte, war Richard Wagner, der Komponist des „Tannhäuser", einer Musik, die Zola ein nordisch nebliges, religiös kriegerisches Unbehagen und dunkle Ahnungen bereitete. Die Bedeutung der russischen Dichter war in Frankreich kaum bekannt. Turgenjew, ein Weltbürger, weilte oft in Paris, verkehrte, speiste mit Zola, Flaubert, Daudet, vielen anderen berühmten Autoren und lobte die französische Küche. Erzählte Turgenjew bei Tafelfreunden von Dostojewski oder Tolstoi? Die getreuen Buchführer der literarischen Gespräche jener Zeit, die Brüder Jules und Edmond de Goncourt, erwähnen in ihrem „Journal", in dem jeder vorkommt, die Namen der großen Russen nicht. Turgenjew berichtete den Freunden nur, der populäre Schriftsteller in Rußland sei Dickens. Tolstoi, Dickens, Zola wurden später, als das an Begabungen so reiche, verkannte und wieder zu entdeckende neunzehnte Jahrhundert vergangen war, zusammen als die literarischen Koryphäen der Epoche gefeiert.

Flaubert, Zolas verehrter Freund, Gesprächspartner, Rivale, Widerpart, war mit dem meisten, das Zola in seiner Schrift „Le roman expérimental" entwickelt hatte — der Milieutheorie, dem Darwinschen Deszendenzgesetz, der Lehre von der Überproduktion der Lebewesen und der Negation des einzelnen, den wörtlichen Übernahmen aus den Tagesschriften der Medizin — nicht oder nur sehr bedingt einverstanden, eher war er noch angetan von des politisch konservativen Hippolyte Taine literarisch provozierenden Formulierungen „Tugend und Laster sind nur Produkte wie Vitriol und Zucker", und wenn Zola die Natur beschwor, den Fortschritt, die Entwicklung zum Vernünftigen und damit zum Guten, die Notwendigkeit der schrecklichen Kausalität, glaubte Flaubert dies alles nicht und zauberte an seinem Schreibtisch, wenn auch mit schlechtem Gewissen.

Wieviel Zola ist in Böll und Grass

So neu war diese Verschiedenheit der Auffassung und des Gefühls nun auch wieder nicht. Es hat immer im französischen Schrifttum wie in der Dichtung überhaupt zwei Richtungen gegeben, zwei uralte Wege zu gleichem Ziel, Zola und Flaubert. Flaubert führt zu Proust und weiter zu Beckett und gilt heute vielfach als eine feinere Art von Literatur, aber wieviel Zola ist in Joyce, Döblin, Faulkner, Dos Passos, Böll, Grass, wie viele Namen der Moderne wären ohne Zola gar nicht denkbar, und selbst die Musterschüler des „nouveau roman" haben sich alle ihr Stück Zola genommen, sich seines Verfahrens bemächtigt, der geduldigen Beobachtung und des genauen Notierens der Dinge, die sie dann registriert und kalt in den Raum ihrer Bücher stellen. Zola tat dies noch emotional und sozial engagiert, und welch röntgenäugiger Reporter war er doch, welch mitfühlender Kämpfer und schließlich welch großer und leider immer noch weithin verkannter Stilist und Meister seiner Erzählung! Er schrieb oft gegen seine Theorie, an die er sich klammerte. Die Bemerkung „Un œuvre d'art est un coin de la création vu à travers un tempérament" machte Zola zweimal. Beim zweiten Mal hieß es „un coin de la nature". Er ging bei allem Selbstbewußtsein so weit, sich für einen Kopisten der Wirklichkeit zu halten. Er sagte auch: „Ich bin nur ein Gelehrter." Für jede Person der zwanzig Romane hatte er ein genaues Personale angelegt, wann geboren, verheiratet oder nicht, Kinder ja oder nein, Vermögensstand, die Stunde des Todes. Aber Hermann Kesten hatte, glaube ich, nicht unrecht, Zola einen Romantiker zu nennen. Schon Charles Dickens, fern von Paris, seinen Kaffeehäusern und literarischen Gesprächen, sagt im Vorwort zu einem Roman: „In ‚Bleak House' habe ich mit Absicht die romantische Seite der vertrauten Dinge hervorgehoben." Dickens hatte die richtige Einsicht. Sein naturalistisches London, seine Slums, seine dunklen Häuser wirken auf den unbefangenen Leser wie romantische Landschaften, und Zolas ungerechtes, qualvolles Paris, selbst sein Bauernelend in „La Terre", die Bergleute, die Bergarbeitersiedlung, das Bergwerk, der Hunger in „Germinal" sind romantisch dargestellt, der Wirklichkeit entnommen, durch ein Gefühl gefärbt, und so wird das beschriebene Elend den Leser ganz und gar erfassen, ihn rühren, ihn nicht loslassen, ihn vielleicht für eine Weile zu einem besseren Menschen machen, auch auf eine seltsame Weise ihn erfreuen. André Gide bekannte vor seiner Reise in die Sowjetunion, nicht Karl Marx, dessen „Kapital" ihn bei der Lektüre ermüdete, Zola habe ihn mit seinen Romanen zum Marxisten gemacht. Doch die Russen heute, wenn sie mit einem Reisenden über den sozialistischen Realismus in der Literatur diskutieren wollen, versuchen immer entschiedener, sich vom Naturalismus zu distanzieren, der ja bei Zola, was die Sowjets so entrüstet ablehnen, auch den Sexualroman hervorgebracht, ihm als Sozial- und Klassengeschichte, Menschenschicksal und Gericht seine Bedeutung über die Pornographie hinaus gegeben hat, was katholische Autoren wie Mauriac und Bernanos in der Nachfolge von Augustinus bereits gewußt und im Gegensatz zu doktrinär sozialistischen Schriftstellern begriffen hatten.

Emile Zola, obwohl in Paris geboren, war wie Napoléon Bonaparte der Abstammung nach Italiener. Sein Vater, ein Dalmatiner, ein Mann aus dem mediterranen italienischen Sprachraum, war, wie der Korse, ein Abenteurer, angezogen von den unbegrenzten Möglichkeiten Frankreichs, Offizier in der Fremdenlegion, bald ein Ingenieur von Spekulation, Können und Ehrgeiz, der gern den Suezkanal gebaut hätte, das wagemutige, die Welt verkleinernde, Europa vergrößernde, die Phantasie und die Börse beflügelnde Werk des Jahrhunderts, doch nur den „Kanal Zola" bei Aix in der Provence graben durfte. In Aix erinnert noch heute der Boulevard François Zola an den begabten Techniker, der nach der Geburt seines Sohnes in die Stadt der Sonne, der vom Mistral geschüttelten Alleen und zwiebelturmigen Brunnen gezogen war. Nach dem frühen Tod des Vaters wurde Emile von der Mutter, der Tochter eines Anstreichers, und den Großeltern in Aix erzogen. Eine, wie man so sagt, glückliche Jugend, beendet durch frühe Lektüre. Befreundet war Zola mit einem gleichaltrigen Knaben, Paul Cézanne, und beide gingen, als sie Jünglinge geworden, nach Paris, die Hauptstadt zu erobern, ihr eine neue, noch nicht dagewesene Literatur, eine neue, alles übertreffende Kunst, Frankreich und der Welt die neue Zeit, den neuen Menschen zu verkünden, wie so viele junge Leute vor diesen beiden und später es versucht und getan haben.

Schildern, aber auch bessern

Paris war mehr und nicht nur für König Heinrich eine Messe wert, eine reiche, eine mächtige, eine verführende, eine schöne, in ihrem Untergrund aber auch arme und häßliche, eine vor Kraft berstende und in Müdigkeit erschöpfte, eine ständig fordernde, gebende und nehmende Stadt, ein Ort der steilen Karrieren, der Ausbeutung und des Scheiterns, eine Arena härtester Kämpfe um das Dasein und das Dabeisein, ohne Mitleid für seine Armen und Gefallenen, lockend die großen Ehrgeize auf die Jungen, die Jahr für Jahr, Generation auf Generation, hochmütig und demütig aus der Enge der Provinz kamen und nichts als Träume hatten, nichts mitbrachten als ihren Glauben an sich.

Zola war mittellos. Überdies mußte er seine Mutter ernähren. Mit seinem Vorsatz, ein berühmter Schriftsteller zu werden, wurde er hineingestoßen in die züchtigende Welt der hauptstädtischen Boheme, die Unbeteiligten, wenn sie von ihr hören oder lesen, sie von dem Roman von Murger als Oper von Puccini sehen, oft so bunt, so anregend, so reizvoll, das Leben genießend, lustvoll ungebunden, beneidenswert, freizügig erscheinen, in Wahrheit meist nur Elend, Not, Unfreiheit, Hunger im wörtlichen Sinn, frühen Verbrauch der Kräfte und kein Bett in der Nacht bedeutet. Zola wollte dies alles nicht, auch nicht die kleinen Paradiese der illegitimen Verhältnisse, der Studentenlokale, der Grisettenbälle, Zola war ein junger Bürger mit bürgerlichen Ansprüchen und Wünschen nach dem bürgerlichen Heim, dem gedeckten Tisch, dem warmen Ofen, nach Geld, nach Erfolg. Das war Zukunftsmusik. Zola arbeitete im Hafen der Seine, deklarierte fremde Güter, versuchte sich wenig erfolgreich als Mitarbeiter der Presse, und seine erste Bekanntschaft mit der Literatur als Packer im Großverlag von Hachette. Er übte seine Hand. Er verfaßte nach Kriminalberichten „Die Geheimnisse von Marseille", eine Nachahmung der vielgelesenen „Geheimnisse von Paris" des Eugène Sue. Zola hat sich später, als bekannterer zeitgenössischer Autor Frankreichs, einer der berühmtesten der Welt, als er sein bürgerliches Heim hatte, in dem er, der sein Leben lang sich vor dem Blitz gefürchtet hatte und bei Gewitter in den Keller ging, sterben sollte (an giftigem Kohlengas, ausgeströmt aus dem behaglichen Ofen), dieser Zeit des Anfangs, des Strebens, des Talentverschleißes, der ständigen Erniedrigung nur mit Haß und Bitterkeit erinnert. Die Jahre der Entbehrung waren die Jahre der Jugend gewesen, und er war um ihre Freuden betrogen worden. Er sagte: „Ich habe immer nur im Traum gelebt, und geliebt worden bin ich nicht einmal im Traum." Er führte das traurige, anstrengende Leben vieler seiner Helden, die keine Helden sein durften, wenn ihres Schöpfers Forderung nach der „réalité des figures", nach dem „agrandissement des héros" erfüllt werden sollte. In Zolas Romanen gibt es weder Helden noch Heldinnen im überlieferten Sinn. Es gibt Arme, Erniedrigte, Beleidigte, Glücklose, Ausgestoßene, Enttäuschte, Betrogene. Zolas Protagonist ist jedermann, es sind die Menschen, die in labyrinthischen Städten, dumpfen Mietskasernen, überfüllten Stuben, zivilisationslosen Landkaten, verschüchterten Industriedörfern geboren werden, leiden, kämpfen, sich lieben, andere Elende zeugen, zugrunde gehen, sterben. Sie begreifen nicht, daß der Mensch böse, das Leben nicht gerecht ist, daß ihre Geburt sie verdammt hat zu einem Dasein voller Not und Qualen. Nur wenige fanden zur Revolte, ringen sich durch zum Aufstand gegen den Zwang der Einrichtungen, die selbstsüchtigen Sitten der gerade herrschenden Gesellschaft, die Grausamkeit der Überlieferung. Sie verwandeln sich dann in Romanen, die Gleichheit und Brüderlichkeit und keine Helden wollten, am Ende doch zu heroischen Figuren aus dem Volk. Camus sagt: „Der Roman entsteht gleichzeitig mit dem Geist der Revolte und kündet auf ästhetischer Ebene vom gleichen Ehrgeiz." Zola versuchte, die Wahrheit über die Welt, in der er lebte, in die er gekommen war, auszusprechen, sie so zu schildern, wie sie

Emile Zola   Foto Camera Press

wirklich war, Reiche wie Arme zu entblößen, sie wieder nackt zu machen, sie abzutasten, abzuhorchen, sie zu öffnen, ihnen Gerechtigkeit werden zu lassen, ohne Furcht, ohne Scham, ohne die abscheulichen Tatsachen zu verschweigen. Zola glaubte an die Masse, an ihre Vervollkommnungsfähigkeit, schlug sich früh auf die soziale Seite und versicherte: „Ich bin der Eure!" Er reihte sich in die Front der Unterdrückten, der Betrogenen, der Zukurzgekommenen, der Nichterangelassenen. Er stellte sich vor sie, ihr Verteidiger, ihr Lehrer. Er erklärte, der Roman solle nicht nur schildern, er solle bessern.

Die Wut des entlarvten Spießers

Als sein Werk erschien, erregte es Ärgernis. Indigniert warf man ihm vor, in Schmutz und Abschaum zu wühlen. Zola gebrauchte Worte, die man nie zuvor in der Literatur gekannt hatte, beschrieb Natürlichkeiten, Dinge und Handlungen, die noch nie beschrieben worden waren. Viele vermißten Anmut des Stils, nannten seine Sprache einförmig, schwer und unpersönlich; sie suchten vergeblich ihre Illusionen. Besessen vom Elend der Massen, dem Schuldkonto der modernen Welt, häufte Zola Tatsachen auf Tatsachen, recherchierte Enthüllungen und offenbarte Gemeinheiten, über die man nicht redete, und es gelang ihm, den „ersten Roman über das Volk zu schreiben, den der Geruch des Volkes an sich trägt". Jahrelang lehnten die etablierten Kritiker und Ästheten die Bücher Zolas ab. In dem Unbehagen und falschen Glück, das ein Zeitalter der industriellen Revolution, des scheinbaren Fortschritts und des krassen Kommerzialismus brachte, schreckte man vor einer Literatur zurück, die sich das Leben selbst zum Vorwurf nahm, den Geist der Revolte, die sich nicht scheute, auch mit den Mitteln der Trivialität Furcht und Schrecken zu erregen. Mitleid und Zorn zu wecken. In den beginnenden Auseinandersetzungen der bürgerlichen Welt mit dem Sozialismus warfen die Gegner Zola vor, die Kunst in den Dienst der Propaganda zu stellen. Doch in Zola wirkte ein Geist, der, über alle Absicht und Parteinahme, mit seinen Romanen Kunstwerke von Rang schuf, und die Entrüstung über ihn war nichts anderes als die Wut des entlarvten Spießers.

Diesen Zola-Essay, den wir hier in einer gekürzten Fassung veröffentlichen, hat Wolfgang Koeppen für eine Neuausgabe des „Germinal" geschrieben, die im Reclam Verlag, Stuttgart, zur Buchmesse erscheinen wird.

Ende der vierziger Jahre

Wolfgang Koeppen nach dem
Krieg im Garten hinter dem
Haus der Schwiegereltern in der
Münchner Ungererstr. 46, dem
Wohnsitz bis in die sechziger
Jahre

III. Schreiben »ist weniger der Versuch eines Dialogs mit der Welt als eines Monologs gegen die Welt«.

»Den Unterricht schwänzend, seine Nützlichkeit verachtend, die Schultage im Bett liegend, mit Büchern eingedeckt, war ich mit fünfzehn Jahren überzeugt, zur Republik der Literatur zu gehören und heftete an meine Tür ein Schild: W. K., Literat. Mit anderen Worten: Ich ging freiwillig in die Sklaverei. Wie oft habe ich den bewußten oder unbewußten Schritt, der mich immer noch freut, bereut.« (*Eine schöne Zeit der Not, GW 5*, S. 310)

In diesem 1974 ausgesprochenen Bekenntnis Wolfgang Koeppens offenbart sich die grundlegende Ambivalenz seines Schriftstellerdaseins: seine Lust am Schreiben und sein Leiden am Schreiben. Er kann sich »keine andere Existenz als die des Schriftstellers« (Treichel, S. 116) vorstellen, aber er empfindet seine Entscheidung dafür zugleich als eine für die Sklaverei. Freude und Reue scheinen sich aus der Koeppen eigenen Verbindung von Bewußtheit und Unbewußtheit, von Aktivität und Passivität zu erklären. Er erlebt Phasen produktiven Schaffens, er hat aber immer wieder gegen Schreibhemmungen anzukämpfen, und ab den sechziger Jahren mehren sich diese in bedrohlicher Weise. Um seine Phantasien auszuarbeiten, literarisch zu gestalten, ist er von Anfang an auf Impulse und Regulative von außen angewiesen, erst nach Aufmunterung und Drängen ist es ihm möglich, seine schriftstellerische Tätigkeit zu beginnen und über einen längeren Zeitraum hinweg durchzuhalten.

In einem Gespräch mit Koeppen erinnert sich Hans Georg Brenner: »als Bruno Cassirer durch Vermittlung von Max Tau Koeppen den Auftrag gab, einen Roman zu schreiben, in der ersten Etage des Cassirer-Verlages, die leer stand, da war die Trabrennbehörde drin gewesen, […] und in dieser leeren Etage der Trabrennbehörde, da ließen Sie sich, soviel ich weiß, von einer Sekretärin morgens um acht in einem Tageszimmer einsperren. In diesem Zimmer stand auf zwei Böcken eine Tischplatte, auf der Tischplatte eine Schreibmaschine, es lag Papier bereit, und damit Sie sich auch gele-

Zu Beginn der neunziger Jahre

»Sollte es auf dieser Schreibmaschine etwa besser gehen?«
Einspannen ein und desselben
Blatts in verschiedene Schreibmaschinen. Typoskriptentwurf
aus der Mappe *Petra*

1.Tag 2.Tag §.

Das nic ht erreichte Petra oder die hundert Tage.

Von München/Singapore die Häfen und das Meer.

Sollte es auf dieser Schreibmaschine etwa besser gehen?
wie könnte ich es mache zu schreiben und zu lesen?a

Schreiben und gleichzeitig lesen ? Der Lauf der tage?

Jeden Tag 5 Seiten?Bis 20.Augst 150 Seiten?gut sich gute sich

mi brille har ka ????

grun   grün   mä   D Ro kö   d   f   b ll

    z .j j .

        ggggg   bbbbbbbbbb   ggggggggggggggggggg

gentlich ausruhen konnten, lag in der Ecke des Zimmers ausgebreitet Zeitungspapier, auf das Sie sich dann etwas ausstreckten. Dann wurden Sie um acht von der Sekretärin reingeführt, und punkt zwölf kam sie und machte sie wieder auf, denn Mittag essen mußten Sie ja auch. Sie hatten also doch offenbar das Gefühl, Sie müssen sich von der Zeit oder von den Einflüssen draußen völlig absondern, Sie müssen außerdem das Gefühl haben, ich habe hier wie ein Bürokrat eine Arbeit zu leisten.« Und Koeppen bestätigt: »Der Schriftsteller hat meiner Meinung nach in seiner Arbeitsmethode zuviel Freiheit, und er braucht eine gewisse Ordnung und eine gewisse Disziplin.« (Treichel, S. 15)

Wenn er nicht von dritter Seite zur Fertigstellung eines Textes aufgefordert oder durch eine Terminvorgabe geradezu gezwungen wird und wenn das Thema nicht vorgegeben ist – diese Faktoren bedingen das zügige Gelingen seiner Reisebücher –, arbeitet Koeppen, zu Hause wie in den von ihm angemieteten Büroräumen, oft hilflos und ineffektiv, und manchmal an mehreren Schreibmaschinen gleichzeitig. Die dabei entstehenden Manuskriptseiten zeigen seine – häufig vergeblichen – Versuche, die Schreibblockaden zu überwinden. Solche handschriftlichen oder maschinenschriftlichen Seiten geben Einblick in Koeppens Verfahren, Einfälle und Bilder zunächst in Form einzelner Worte, als Substantive, Adjektive oder parallel angeordnete Satzfragmente aneinanderzureihen – eine assoziative Schreibweise, die mehr auf Beobachtung als auf Aktion und Reflexion beruht. »Ich bin, glaube ich nun, nicht zuletzt deshalb Schriftsteller geworden, weil ich kein Handelnder sein mag. [...] Ich bin ein Zuschauer, ein stiller Wahrnehmer, ein Schweiger, ein Beobachter [...].« (*Büchner-Preis-Rede, GW 5*, S. 253)

Koeppens Vorstellung von einem idealen Roman ist gekennzeichnet durch den »Versuch einer Aufhebung der Zeit zu einer Gleichzeitigkeit allen Geschehens. Jeder Vorgang gegenwärtig, jetzt und hier, in diesem Augenblick. Kein Vorher und kein Nachher. Weder Vergangenheit noch Zukunft. Oder anders: die Zukunft von morgen war schon gestern und vorgestern und von Anbeginn.« (*Vom Tisch, GW 5*, S. 298) Diesem Konzept der Simultaneität gemäß – eine der ganz wenigen theoretischen Äußerungen – sind seine drei Romane der fünfziger Jahre strukturiert: das Geschehen in *Tauben im Gras* umfaßt einen einzigen Tag, die Handlung in *Der Tod in Rom* dauert zwei Tage, diejenige in *Das Treibhaus* nur wenig länger, und doch sind in ihrer jeweiligen Gegenwart zugleich Vergangenheit und Zukunft komprimiert. Auf Koeppens gesamtes Schreiben bezogen, sind diese Werke aber eher die Ausnahmen. Denn nur hier läßt sich so etwas wie ein befolgtes und zu Ende geführtes Programm erkennen. Nach der kurzen Erfolgsphase scheinen ihm seine überquellende Einbildungskraft, seine Phantasie und seine Inspiration der Fertigstellung eines Textes eher hinderlich zu sein. »Ich glaube nicht recht […] an die Möglichkeit des wirklich fertigen, des wirklich abgeschlossenen Werkes. Ich glaube, daß immer noch etwas zu sagen wäre und alles, was man gesagt hat – und wenn man es auch auf tausend Seiten geschrieben hätte –, Fragment bleibt und nicht vollendet.« (Treichel, S. 112)

Koeppen schreibt ohne Schema: »Die Personen eines Romans sind da, sie stehen vor mir, sie sitzen an meinem Bett, sie leben mit mir, während ich das Buch schreibe.« (Treichel, S. 23) Ebenso lehnt er es im allgemeinen ab, sein Schreiben theoretisch zu reflektieren: »Ich halte für mein eigenes Schaffen wenig von Theorien. Die Erzväter des neuen Romans, Joyce, Proust, Kafka schrieben keineswegs nach einer neuen Ästhetik. Sie setzten Maßstäbe, ohne dies zu wollen. Musil machte sich Gedanken, und sie standen ihm im Wege. Die Theorien entwickelten nachher andere und machten sie zu einem Rezept für Epigonen. Arno Schmidt, den ich liebe und bewundere, verkündet manchmal Gesetze, um die er sich als Erzähler zum Glück nicht kümmert. Was ein Roman ist oder sein soll, wissen wir nicht. Behaupten wir also kühn, er kann alles sein. Doch nur noch zweitrangige Geister werden weiterhin versuchen, mit ihrer Schilderung eine Art Fotografie der Welt zu geben, wie es aufs glänzendste Balzac getan hat.« (*Antwort auf eine Umfrage, GW 5*, S. 249)

Konzept- und Theorielosigkeit können Spontaneität fördern, sie können aber auch in qualvolle Situationen der Ohnmacht und Lethargie münden: »[...] das Schreiben eines Romans ist ein Liegen im Krankenbett, man ist angeschmiedet an ein Vorhaben, das sich über Monate und manchmal über Jahre hinauszieht und dessen Ausgang gänzlich ungewiß ist. Es soll Autoren geben, die nach einem Exposé arbeiten, einem Handlungsgrundriß, an den sie sich halten […]. Andere Verfasser, und zu denen gehöre leider ich, wissen nicht, wohin sie der Weg des Schreibens führt. Oft wollen sie ein Buch schreiben, das ganz verschieden von dem ist, das am Ende erscheint. [...] Das ist ein bezeichnender Vorgang: das Buch hat ein eigenes Leben, es ist mächtiger als sein Urheber und befiehlt die Marschrichtung.« (*Ich lebe vom Schreiben, GW 5*, S. 239)

Koeppens hoher Anspruch, spontan zu formulieren und den ersonnenen Figuren zu folgen, als befinde er sich mitten unter ihnen, seine Ziellosigkeit und seine Hemmung, sich für einen einzigen Weg zu entscheiden, bilden ihm Anreiz für bisher nicht gekannte Monumentalwerke – »Ein Buch ist nie fertig. Es wäre denkbar, ein Leben lang an einem Buch zu schreiben«; da ihm aber ein solches Werk nicht gelingt, bedrückt ihn die Arbeit daran wie »ein Alp- und zugleich ein Wunschtraum« (Treichel, S. 32).

Koeppen verliert ab Ende der fünfziger Jahre mehr und mehr die Distanz zwischen der eigenen Person und dem fiktiven Stoff, er versteht sich selbst als Romanfigur, er lebt literarisch und tendiert immer wieder dazu, sich selbst, sein Leben, mit dem Romangeschehen und dessen Akteuren zu verquicken.

»Schreiben […] als Lebensform?«

»Ja, es ist mein Leben, ob ich nun schreibe oder nicht schreibe, es ist mein Leben … Ich lebe literarisch, darüber kann man sich amüsieren, nur ich nicht. Und dann lebe ich auch etwas wie eine Romanfigur. Ich könnte es mir ja einfach machen, wenn ich andauernd mein Leben erzählen würde und aus meinem Leben Bücher entstehen ließe; bis zu einem gewissen Grade tut das ja jeder Schriftsteller, seine Werke sind eine Art fortlaufender Biographie. Aber bei mir ist es so, daß wahrscheinlich mehr als bei anderen der normale Kontakt zum Leben, zur bürgerlichen Existenz, geschwächt ist.« (Treichel, S. 61)

Offensichtlich hat er Mühe, eine klare Grenze zwischen Wirklichkeit und Imagination zu ziehen, beide gehen ineinander über: »Es gibt vielleicht überhaupt zwei Koeppens, dann, wenn man mich fragt: Was haben Sie damals gemacht und was dann und dann? Es gibt natürlich den Koeppen, der irgendwann geboren ist, irgendwo zur Schule gegangen ist, einmal Redakteur war und den man erkennungsdienstlich feststellen und festlegen

Im Gespräch mit der in seinem Besitz befindlichen bronzenen Kopf-Plastik »Lachender«

71

Kontaktabzüge fotografischer
Selbstporträts

könnte. Aber es gibt auch den surrealistischen Koeppen, eine literarische Figur, wo das alles nicht so sicher ist, der, um es im Extrem auszudrücken, wenn er gefragt wird, wann sind Sie geboren, vielleicht antworten möchte: Es ist gar nicht so sicher, daß ich jemals geboren wurde.« (Treichel, S. 103) Derart in sich versunken, befangen in seiner fiktiven Sphäre, sagt er von seinem Schreiben, es sei »weniger der Versuch eines Dialogs mit der Welt als eines Monologs gegen die Welt« (Treichel, S. 113). Intensiv mit seiner Selbstdarstellung beschäftigt, plant er 1971 im Westdeutschen Fernsehen ein – nicht verwirklichtes – filmisches Selbstporträt, »einen Film über Wolfgang Koeppen mit Wolfgang Koeppen; Koeppen wird also Subjekt, nicht Objekt des Films sein: Da sitzt jemand vor einem leeren Schreibtisch und erzählt aus dem privaten Roman, in dem er seit Jahren lebt, den er aber vielleicht nie schreiben wird: ›Ich bin mit meinem Schreiben an einen Punkt gelangt, wo ich nicht brutal rücksichtslos egoistisch genug bin, um jeden Preis zu schreiben.‹« (*Frankfurter Rundschau*, 13. November 1971) Die Serien fotografischer Selbstporträts, zum Teil in intimen Situationen, bestätigen die Egozentrik des Autors ebenso wie die etwa fünfundzwanzig von ihm geplanten Bücher, dreimal soviel wie die erschienenen, von denen oft nur die Titelseite existiert, während bei anderen Texten Hunderte von Seiten gefüllt sind, ohne daß auch nur im entferntesten von einem Abschluß die Rede sein könnte.

Seine Selbstcharakterisierung als »Beobachter, der das Beobachtete nicht sofort als Material an die Gesellschaft zurückgibt, sondern es für sich deutet und ins Wort bringt« (Sauter, S. 551), woraus die viel bewunderte »eigene poetische Wahrheit« (*Das Treibhaus, GW 2*, S. 222) entsteht, ist nach den produktiven fünfziger Jahren nicht mehr gültig. Von da an arbeitet Koeppen an vielen Projekten gleichzeitig, er grenzt die einzelnen Texte nicht mehr streng voneinander ab, sondern vermischt in seinen Entwürfen Abschriften, Wiederaufnahmen und Variationen älterer Texte mit neuen Einfällen, die dann oft schon behandelte Motive durchscheinen lassen und die gleichwertig neben eigenen Erfahrungen, realen Erlebnissen, Erinnerungen, Träumen oder Assoziationen an literarische Vorbilder stehen.

Der Nachlaß Koeppens ist reich an derartigen unermüdlich skizzierten Ma-
nuskriptanfängen mit variierenden Wiederholungen, assoziativen Fragmenten, vergeblichen Versuchen, die ersten Entwürfe zu einem Konzept zu
festigen oder überhaupt nur bei einem durchgehenden Thema zu bleiben.
Der *Tasso*-Plan, von dem drei umfangreiche Versionen von mehreren hundert Seiten überliefert sind, zeigt Koeppens bedrängte Lage anschaulich.
Bereits der Titel *tasso oder die disproportion* spricht die schriftstellerische Not-
lage aus, die durch das als Motto gesetzte Goethe-Zitat »So klammert sich
der Schiffer endlich noch / am Felsen fest, an dem er scheitern sollte« verstärkt wird. Das Tasso-Thema gerät schon auf dem zweiten Blatt aus dem
Blick und wird überlagert von Erzählbruchstücken, die von einer Überset-
zerin zu handeln scheinen, jedoch übergangslos durch Nennungen von
ganz anderen Titeln unterbrochen werden und in einem Zitat von Phor-
kyas aus Goethes *Faust II* enden. In grotesker Weise mischen sich auf den
nächsten Seiten Formulierungen von Schreibproblemen und Schreibübun-
gen mit Zitatfragmenten aus den *Wahlverwandtschaften*, fiktiven oder tat-
sächlichen Romananfängen anderer Autoren, Namen der antiken Mythologie und angstvollen Erinnerungen an unliebsame Begegnungen mit Siegfried Unseld und der eigenen Frau, die zum Thema »Depression« führen,
das seinerseits Ausgangspunkt mehrerer heterogener Szenen wird, bis
unvermittelt Skizzen einer erlebten Mondfinsternis in den Vordergrund
treten. Die weiteren Blätter sind mit leidvollen Erfahrungen in einer
Augenarztpraxis gefüllt, gefolgt von Lektüreeindrücken und unterbrochen
von erregenden Angstträumen, bis wieder neue Assoziationen an die
Wahlverwandtschaften das Terrain beherrschen, überlagert von dem Schicksal einer ominösen Griechin in Deutschland in Verbindung mit Kalypso
und der Aufzählung der Abkürzungsbedeutungen von »N. N., nomen ne-
scio, nomen nominandum, Normalnull« (WKA).
Bei derart nicht-zielgerichtetem Schreiben ist es kein Wunder, daß Koeppen sich selbst gegenüber ratlos und zum Rätsel wird. Auch wenn er mit
dieser Irritation gerne kokettiert und in der ihm eigenen Unschärfe Maxi-
men aufstellt, die trotz frappierender Formulierung dunkel und vielfach in-

»Hotel. Ich wehrte mich nicht gegen ein Zimmer mit Bad. Hatte in meinem Flucht-koffer einen Fotoapparat. Nahm mich im Bad auf. Verschiedene Stellungen.«
(An Marcel Reich-Ranicki, 27. Dezember 1981)

terpretierbar bleiben: »Ich schreibe, um meinen Lebensunterhalt zu verdienen, um die Welt zu ändern, um für oder gegen etwas zu sein, um alle besser zu machen, um vor Gefahren zu warnen, Freundlichkeit zu predigen, Frieden zu fordern, Gerechtigkeit zu malen, oder einfach, um Texte zu erfinden, weil mir das Erfinden von Texten Spaß macht. Alle diese Antworten wären möglich und wären falsch. Der Schreibende steht als Beobachter des Lebens mit seinen wechselnden Gefühlen, seinem ehrlichen Entsetzen, dem mannigfaltigen Mitleiden, dem hilflosen Zorn, der bösen Verzweiflung an einem archimedischen Punkt außerhalb des Sozialgefüges.

74

Er ist verführt, die Welt aus den Angeln zu heben, und sich der Aussichtslosigkeit bewußt.« (*Er schreibt über mich, also bin ich, GW 5*, S. 349). Eine Wandlung seiner Schreibhaltung scheint ihm unmöglich: »Kein Kritiker könnte mich ändern, kein Rat mich ein Buch anders schreiben zu lassen, selbst das nächste Buch nicht. Ich werde nie klug. Niemand könnte mir helfen, ein anderer zu werden, tüchtig, erfolgreich, bewundert.« (Treichel, S. 33)

Da Koeppen bald Vereinbarungen und Termine seiner Verleger nicht mehr einhalten kann, entwickelt er aufgrund seiner Versäumnisse immer stärker Skrupel und Angstgefühle. »[…] Ich wache ja nachts auf vor Angst, daß ich ihn [den versprochenen Roman] nicht schreibe, ich liege ja schlaflos und träume von meinem Verleger, von Herrn Unseld, sehe ihn in seinen Verlagsräumen sitzen vor einem leeren Schreibtisch, und man trägt die Möbel aus dem Verlag heraus, sie werden gepfändet, und auch den Schreibtisch zieht man ihm schließlich weg, und Herr Unseld sitzt nun völlig verzweifelt und verarmt da, nur weil ich das Manuskript nicht abgegeben habe … – das ist ein wirklicher Traum von mir …« (Treichel, S. 64) Dies Beispiel ist nur eines von vielen ähnlichen Dokumenten seiner desperaten Situation. In Briefen an Freunde und bekannte Kollegen spricht er sich aus. Max Tau schreibt er voller Hoffnungslosigkeit: »Ich finde alles, was ich geschrieben habe, schlecht und fühle mich unfähig und habe Angst, in alten Sachen zu kramen. Ich versuche, Neues zu schaffen; aber allmählich wird dies zu einem verzweifelten Kampf. Zu inneren Schwierigkeiten, Krankheiten, Verhängnis, Ungeschick gesellt sich nun Mittellosigkeit, Verschuldung, Plage und wieder Angst.« (18. Juli 1968, WKA) Hilde Domin gegenüber offenbart er in seinem Brief vom 29. Oktober 1968 unverhohlen seine Verzweiflung. In vielen öffentlichen Interviews sucht er dagegen seine persönlichen und schriftstellerischen Nöte zu überspielen.

So antwortet er 1971 auf die Frage von Horst Krüger: »Werden Sie in nächster Zeit der Öffentlichkeit ein neues Werk vorlegen?« »Diese Jahre über trage ich einen Roman-Plan mit mir herum. Ich habe auch schon viel an diesem Roman gearbeitet, er wird und wird nicht fertig. Das ist neu bei mir, denn ich habe die anderen Romane ziemlich schnell geschrieben, nachdem sie einmal angefangen waren. Ich weiß auch noch nicht, was daraus wird, vielleicht wird das mein Werk, vielleicht wird es auch nicht fertig. Ich habe im Augenblick etwas anderes, an dem ich schreibe, auch einen Roman, der sich wieder ganz schnell schreibt und von dem ich glaube, daß er bald erscheinen kann.« (Treichel, S. 38f.)

Seite 76/77
Brief an Hilde Domin, 29. Oktober 1968
Der handschriftliche Zusatz am Ende des Briefes lautet: »Ich kann für Sie nicht mehr tun, als ich / für mich täte.«

Wolfgang Koeppen   München,den 29.Oktober 1968

Liebe Hilde Domin,

Sie sehen Gespenster.Jedenfalls was mich betrifft.

Sie haben jedoch nicht gesehen,was offenbar ist,

dass ich faul bin,

dass ich unsagbar schwach und träge bin,

dass ich krank bin,

dass ich an nichts glaube,

dass mich Unglück schlägt,

dass ich dabei bin,zu verzweifeln,

dass mir Literatur wichtig ist,meine,Ihre und jede,

dass mir literarischer Erfolg gleichgültig ist,meiner,

Ihrer und jeder,

dass ich eine Rezension nicht als Hast betrachte,dass ich

sie einer guten Stunde vorbehalten möchte,wie Hesse und

Mann es taten,nach Monaten,nach einem Jahr,

dass ich mich nicht drängen lasse,ein Buch zu lesen

oder es zu beschreiben,

dass ich ein langsamer Mensch bin,der schnell davonläuft,

dass ich kein Mann der Aufträge bin,

dass ich Erwartungen immer enttäusche,

dass selbst Vorschüsse mich nicht antreiben,wie Sie rum=

hören könnten,

dass man nicht mit mir arbeiten kann,

dass ich kein Geld habe,noch eine Woche zu leben,

dass ich kein Geld habe,am 1.meine Miete zu zahlen,

dass meine Heizung,mein Telephon,mein Licht,mein Arzt

nicht bezahlt sind,

dass es mir nicht gleichgültig und doch gleichgültig ist,

dass ich mich ängstige,

dass ich (dies konnten Sie nicht wissen),aus Angst und Unrast
in Italien war,

dass ich mein altes Auto kaputt gefahren habe,

dass es aus einem ~~Bergrt~~ Bergort nach Deutschland abgeschleppt
werden musste,

dass ich in einem Hotel sass und kein Geld hatte,nicht für
den Gasthof,nicht für das Auto,nicht für die Eisenbahn,

dass ich ein Bittelegramm nach Frankfurt schicken musste,

dass ich hier Rechnungen vorfand und Mahnungen und Ihr Telegramm
und ein Telegramm des Spiegels.

Usinnig ist es von Ihnen,zu vermuten und anzudeuten,ich hätte
Angst,Ihr Buch zu besprechen.Warum,um Himmels willen ?
Warum hier Angst ? Doch höchstens vor Ihnen ! Ich wurde nicht
beeinflusst,bedroht,erpresst,bestochen.Das ist einfach lächerlich.
Ich habe mit keinem Menschen über Ihren Roman gesprochen.Niemand
interessiert es,ob ich über Sie schreibe und was und wie.
Behaupten Sie nicht,was nicht wahr und nur absurd ist.Ich müsste
boshaft werden.Falls meine Trägheit es zuliesse.Aber wahrscheinlich
wären mir auch Verleumdungen gleichgültig.

Ich werde über das Paradies schreiben.Wie ich es lese:positiv.
So wie es mir gefällt:mit Kritik.Ich weiss nicht,wann.Vielleicht
jetzt,morgen,übermorgen.Wenn Sie einen fixen Besprechen suchen,
sagen Sie es Becker.Ich werde dann vielleicht bald oder in einem
Jahr anderen Orts über Sie schreiben.Ich brauche lebensrettend
Geld,aber ich pfeife auf jedes Honorar,wenn man mir nicht
zur Würdigung eines Literaturwerkes die Zeit lässt,die unter
altmodischen,gebildeten Leuten üblich war.

Ich verehre Sie !

Ich kann für Sie nicht mehr tun, als ich
für mich täte.

Wenige Tage vor Ende der Reise notierte er: »*Wir hatten einen freien Tag. Es sollte mein Tag werden. [...] Die Reederei bot einen Ausflug nach Petra an, der Totenstadt, von der der Pfarrer gesprochen hatte. [...] Ich blieb in Akaba. Ich wollte nach Petra. Es wurde ein schöner Tag in Akaba.*«
(Petra, in: Phantasieroß, S. 634f.)

Wolfgang Koeppen

30 Tage
oder das unerreichte Petra

1.Tag

erster Tag

Hundertster Tag

Hunderterster Tag

dreissigster tag

neunundzwanzigster Tag

Felicitas, die Witwe und einzige Erbin des vor sieben Jahren ver-
storbenen Millionärs Demorte, ist sechzig Jahre alt und gezwungen, ihre
Tage im Bett zu verbringen. Sie leidet an einer schweren chronischen
Nephritis, die das Wasser in ihrem Körper sich sammeln lässt und ihn unförmig aufschwemmt. Die Kunst der Aerzte vermag nur noch, sie durch gelegentliche Eingriffe, Verordnung einer strengen Diät und viel Helenen-
quelle am Leben zu erhalten, aber nicht mehr, sie zu heilen. So ist sie
verbittert und ewig gereizt, und es ist schwer, mit ihr zu verkehren.
Und da sie das Geld, dass sie besitzt, festhält, wohl wissend, dass die Welt
sie, ohne diesen Besitz, auf den Kehrricht wirft, und nie Bekannten in
augenblicklicher Verlegenheit auch nur einen Pfennig geliehen hat, haben
diese sich allmählich ganz von ihr zurückgezogen.

Roman im Spiegel:
Eines der Romanvorhaben aus
der Berliner Zeit. Abgedruckt in:
Phantasieroß, S. 40

folgende Seiten:
Siegfried Unseld an Wolfgang
Koeppen, 15. Mai 1974 (KU Nr.
234): einer von zahlreichen
Mahnbriefen

Der Autor in einem der vielen
Antworten auf die Frage, woran
er gerade arbeitet.

Suhrkamp Verlag

am 15. Mai 1974

Lieber Wolfgang,

in meinem Kopf steht eine Notiz, wonach Du mir bis zum
2o. Mai eine Nachricht geben wolltest, ob wir mit dem Manuskript rechnen können. Wie steht es damit? Die Vertreter
gehen am 1o. Juni auf ihre Reise. Bitte lass mich doch wissen,
ob es eine Hoffnung gibt.

Schöne Grüße
Dein

6 Frankfurt/Main, Lindenstraße 29–35. Postfach 4229. Telefon 74 02 31. Telex 4 13 972. Telegramme Suhrkampverlag Frankfurtmain.
Konten: Deutsche Bank Frankfurt am Main 95/7100. Postscheck Frankfurt am Main 115761–609.

Donnerstag, 27. Dezember 1973 · Nr. 301 · DIE WELT

WELT DES BUCHES

Sachbuch • Belletristik • Wissenschaft

Die WELT DES BUCHES fragte deutschsprachige Autoren:

„Woran arbeiten Sie gerade?"

Wolfgang Koeppen

Jahrgang 1906; lebt in München. „Romanisches Café", Erzählungen. Suhrkamp, 5 DM.

Sie fragen einige meiner Kollegen und mich, was wir wohl tun. Ich frage Sie, wen könnte es interessieren? Den Verleger? Der korrespondiert mit mir und glaubt kein Wort, bevor er nicht das Manuskript im Haus hat. Die Kritiker? Sie stehen auf dem Anstand und müssen hoffen, daß das Wild sich zeigt. Der Leser liest, hört, spricht, träumt von dem neuen Buch; er möchte es verschlingen. Doch das ist Zettels Traum. Der Leser betritt eine Buchhandlung, entdeckt die Neuerscheinung, riecht das Papier und den Druck. Er fühlt sich angezogen oder abgestoßen. Er ist neugierig. Er ist schon gelangweilt. Er kauft den Roman. Er kauft nicht. Er wartet auf die Taschenausgabe. Der Leser will nichts von mir wissen. Er liebt seine Sorgen. Ich erfreue den Leser. Ich ärgere den Leser. Der Leser täuscht sich. Der Leser ärgert sich wieder. Ich bereite dem Leser eine gute schlaflose Nacht. Der Leser schläft über meinem Werk ein. Er spart das Schlafmittel. Barbitursäure ist giftig. Ist Lesen gesund? Der Leser trägt das Buch zum Buchhändler zurück. Er stellt das Buch in sein Bücherregal. Er vergißt es. Er will meine Geschichte vergessen. Das alles hat Zeit, bis es soweit ist. Ich lebe, habe was in der Schreibmaschine, anderes im Kasten. Mir fällt was ein in der Untergrundbahn und anderswo.

IV. »Ich habe eine Neigung zur Groteske, zur überspitzten Satire,
zum Phantastischen.«
Die Romane der fünfziger Jahre

Auf die Initiative des Verlegers Henry Goverts geht es hauptsächlich
zurück, daß Koeppen *Tauben im Gras* schreibt und damit sein erster Nach-
kriegsroman 1951 auf den Markt kommen kann. Im Bewußtsein, wieder
auf einen Anstoß von außen angewiesen gewesen zu sein, schreibt Koeppen ihm am 3. August: »Ich war sehr froh, als am 23. Juli der Verlagsver-
trag geschlossen wurde. Ohne Ihr freundliches förderndes Interesse, ohne
Ihr beharrliches Fragen nach dem Manuskript wäre wohl auch in diesem
Jahr wieder nichts von mir gedruckt worden, und ich freue mich nun und
danke Ihnen, dass es anders gekommen ist. Ich habe – jetzt wieder in Fahrt
– neue Pläne, stärkeren Schaffensmut, und hoffe, dass unsere Zusammenarbeit Sie nicht enttäuschen wird.« (UB Greifswald)
Im Verlagsprospekt von Goverts endet eine Kurzbiographie Koeppens mit
dem Satz: »Nach langem Schweigen überrascht er die Öffentlichkeit jetzt
mit einem Zeitroman.« Und über *Tauben im Gras* heißt es etwas reißerisch:
»Dieser Roman ist ein Ereignis. Er ist die bedeutendste literarische Gestaltung der Nachkriegszeit, ein völlig aktueller Gegenwartsroman, der 1951 in
einer deutschen Großstadt spielt, geformt von einem überlegenen Geist.
Was er spiegelt, ist das in sich mürbe, unsichere Leben in unserer unruhigen Zeit, die vom Zufall beherrscht wird. Fesselnd werden die verschiedensten Menschen geschildert, Deutsche aus allen Kreisen, Amerikaner,
die reisen, Intellektuelle jeder Schattierung, darunter ein weltberühmter
angelsächsischer Dichter, aber auch Neger, die zur Besatzung gehören. Gegen diese bildet sich nach wechselvollen Spannungen im Volksgewimmel
des Bräuhauses eine Atmosphäre der Abwehr. Besonders eindrucksvoll ist
im Gegensatz dazu gestaltet, wie sich eine Frau durchringt, zu dem Neger
Washington Price zu halten, der den Traum von Washingtons Inn verwirk-
lichen will, dem Gasthaus, in dem niemand unerwünscht ist.« (HA/BV)

Tauben im Gras. Roman, Stuttgart: Scherz und Goverts 1951

Mit den Etikettierungen »Zeitroman« und »Gegenwartsroman« hat der Verlag für längere Zeit die Rezeption beeinflußt. Einige Leser, zumal in München, das ja den unverkennbaren, obschon namentlich nicht genannten Schauplatz des Romans bildet, haben *Tauben im Gras* sogar als Schlüsselroman verstanden und so heftig gegen ihr vermeintlich direktes Dargestelltsein protestiert, daß Wolfgang Koeppen im Frühjahr 1952 in der Stuttgarter Zeitschrift *Die Literatur* eine Rechtfertigung veröffentlichte. »Meinem Buch ›Tauben im Gras‹ ist die Ehre widerfahren, den Klatsch kleiner Kreise zu beleben, die wähnen, die Welt zu sein. Ich höre, lese und staune, daß ich den und jenen beschrieben und manche Innenseite nach außen gestülpt haben soll. Dabei wollte ich nur einen Tag meiner Zeit einfangen, die Zeit und ihre Menschen beschreiben, wie ich sie sehe und empfinde, ich habe an keine bestimmten Personen, an keine bestimmten Vorgänge des Lebens gedacht, ich wollte das Allgemeine schildern, das Gültige finden, die Essenz des Daseins, das Klima der Zeit, die Temperatur des Tages, und ich scheine, mehr als ich vermuten durfte, das Verbreitete und das Bezeichnende getroffen zu haben, denn wie wäre es sonst zu erklären, daß sich für einige meiner Romanfiguren in den Unterhaltungen gleich *mehrere* Bewerber, *mehrere* angebliche Urbilder gemeldet haben, und darunter, was mich befremdet, Leute, die, wäre mein Roman ein Bühnenstück, die Rollen nicht spielen könnten; sie bringen nichts dafür mit, sie wären Fehlbesetzungen.« (*Die elenden Skribenten, GW 5*, S. 233f.)

Foto eines Dienstmanns am
Münchner Hauptbahnhof aus
den fünfziger Jahren

*»Unter dem Vordach des Bahnhofs wartete Josef, der Dienstmann. Die rote Dienst-
mannsmütze saß streng, militärisch grade auf dem kahlen Haupt. Was hatte Josefs
Rücken gebeugt? Die Koffer der Reisenden, das Gepäck der Jahrzehnte, ein halbes
Jahrhundert Brot im Schweiß des Angesichts, Adams Fluch, Märsche in Knobel-
bechern, die Knarre über der Schulter, das Koppel, der Sack mit den Wurfgranaten,
der schwere Helm, das schwere Töten. Verdun, Argonnerwald, Chemin-des-Dames,
er war heil herausgekommen, und wieder Koffer, Reisende ohne Gewehr, Fremdenverkehr am Gebirgsbahnhof, Fremdenverkehr zum Hotel, die Olympischen Spiele, die
Jugend der Welt, und wieder Fahnen, wieder Märsche, er schleppte Offiziersgepäck,
die Söhne gingen ohne Wiederkehr, die Jugend der Welt, Sirenen, die Alte starb, die
Mutter der vom Krieg verschlungenen Kinder, die Amerikaner kamen mit bunten Ta-
schen, Bagagesäcken, leichtem Gepäck, die Zigarettenwährung, die neue Mark, das
Abgesparte verweht, Spreu, bald siebzig Jahre, was blieb? Der Sitz vor dem Bahnhof,
das Nummernschild an der Mütze. Der Leib war zusammengeschrumpft, die Augen
blinzelten noch munter hinter des stahlgefaßten Brille, lustige Fältlein liefen vom Lid
in das Feld der Haut, strömten ein in das Altersgrau, in die Luftbräune, die Bierröte
des Gesichts.«* (Tauben im Gras)

»*Nichtstuend schwätzend träumend, kleine flache gefällige Träume in einem ewigen Halbschlummer, einem Schlummer des Glücks, träumend,* Fesche Endvierzigerin sucht Herrn in gesicherter Position, *saßen die Frauen, die von Staatspensionen, geglückten Auszahlungen bei Todesfall, Scheidungsrenten und Trennungsgeldern lebten, im Domcafé. Auch Frau Behrend liebte die Stätte, den bevorzugten Versammlungsort gleichgeseelter Genossinnenschaft, wo man bei Kaffee und Sahne sich wohlig der Erinnerung an Ehefreuden, wohlig dem Schmerz des Verlassenseins, wohlig der Bitternis der Enttäuschung hingeben konnte.*« (Tauben im Gras)

Viele damalige Rezensenten haben Realitätsnähe und Zeitkritik als die entscheidenden, ja sogar einzigen Merkmale des Texts betont und *Tauben im Gras* als ausschließlich politischen Roman verstanden. Die frühen literaturwissenschaftlichen Untersuchungen folgten ihnen und schrieben kurzerhand von *Wolfgang Koeppen als zeitkritischem Erzähler* (Erlach 1973).
Realitätsnähe ist dem Roman nicht abzusprechen. Die Fotos aus dem München der Nachkriegszeit erwecken teilweise den Eindruck, als habe Koeppen Szenen der damaligen Wirklichkeit bis ins kleinste Detail abgespiegelt. Doch gemäß seiner Überzeugung, wonach »nur noch zweitrangige Geister [...] weiterhin versuchen [werden], mit ihrer Schilderung eine Art Fotografie der Welt zu geben« (*Antwort auf eine Umfrage, GW 5*, S. 249), ist Koeppen seinem Selbstverständnis nach von solchem Verfahren weit entfernt. Ebenso wie die einzelnen Romanfiguren keine wirklichen Personen dar-

stellen, erschöpfen sich auch die den Fotos zuordbaren Textsegmente nicht in einer Wiedergabe der abgebildeten Realität. Die Schnittmengen von Fotos und Texten sind gering. So sehen wir zum Beispiel auf dem Foto einen Dienstmann am Bahnhof bei seiner Arbeit und im Hintergrund einen amerikanischen Besatzungssoldaten. In Koeppens Text entspricht allenfalls der erste Satz der Abbildung: »Unter dem Vordach des Bahnhofs wartete Josef, der Dienstmann.« Das Folgende fängt in aneinandergereihten Substantiven, Präpositionalgefügen, Satzfragmenten, Kurzsätzen und der Aufzählung historisch-politisch bedeutsamer Ortsnamen das ganze Lebensschicksal dieses Dienstmanns Josef ein – vom Ersten Weltkrieg über die Weimarer Republik, den Nationalsozialismus und den Zweiten Weltkrieg bis zur Gegenwart der amerikanischen Besatzungszeit, in der ihm, symbolisch zu verstehen, seine »Dienstmannsmütze« noch immer »militärisch grade auf dem kahlen Haupt« sitzt, die militaristisch geprägte Vergangenheit also auch in anderem politischem Klima nachwirkt.

Eine ähnliche Tiefendimension vermittelt der dem Foto, das einige Damen im Café zeigt, entsprechende Romantext: Zwar erwähnt dieser die Besucherinnen des Cafés, doch die wenigen Sätze, gespickt mit fingierten Zitaten aus Heiratsannoncen und Termini aus der Sphäre von Lebensversicherung und Sozialversorgung, imaginieren in nuce weit über den bloßen Anblick hinaus ihre Geschichte: das zeitspezifische Schicksal der durch Nationalsozialismus, Krieg, Vertreibung und allgemeiner sozialer Unordnung verwitweten und geschiedenen Frauen und ihre derzeitige teils resignative, teils »wohlig« hoffnungsvolle Stimmung, als ›Endvierzigerinnen‹ den »Schmerz des Verlassenseins« und die »Bitternis der Enttäuschung« möglicherweise doch noch durch eine neue Beziehung überwinden zu können.

Die Beispiele zeigen, daß es Koeppen gelungen ist, seine ästhetische Vorstellung in die literarische Praxis umzusetzen: »Der Skribent sitzt zu Hause an seinem Tisch, er saugt sich's aus den Fingern, er richtet seinen Blick ins Leere oder ins Schwarze oder Helle, und sein Blick durchdringt die Türen, die Mauern, die geschlossenen Jalousien, er dringt durch die Kleidung, er dringt ins Herz, und er sieht im Herzen der Menschen die Wahrheit, die Süße und die Bitternis des Lebens, sein Geheimnis, seine Angst, seinen Schmerz, seinen Mut.« (*Die elenden Skribenten, GW 5*, S. 234f.) Dementsprechend rückt bald die Thematik der subjektiven Existenz, vor allem die des Künstlers und Schriftstellers, als wesentliche Komponente des Romans in den Mittelpunkt der Aufmerksamkeit: Koeppen erzähle vor allem und im Grunde »vom Sichselbstbefinden in einer Welt, in der dem Selbst der Boden entzogen ist« (Heißenbüttel 1976, S. 155). Man gelangte auf diesem

Weg zum Befund einer Synthese beider Komponenten in *Tauben im Gras*:
»Es handelt sich um einen Roman von einer erstaunlichen zeitdiagnosti-
schen Hellsicht und um ein Werk der schonungslosen existentiellen Reflexion. […] Die beiden alternativen Behauptungen sind gleichzeitig wahr.
Die Pointe des Romans besteht in der Einsicht: Wenn die politische Lage
sich derart zuspitzt, daß sie zu einer realen Bedrohung für jeden Einzelnen
wird, liegt es nahe, den politischen Augenblick als existentielles Thema zu
behandeln.« (Quack 1997, S, 139)

Die von Koeppen reklamierte »eigene poetische Wahrheit« (*Das Treibhaus,
Vorwort, GW 2*, S. 222), die künstliche und kunstvolle Autonomie seiner Romane, resultiert aus mehreren Komponenten.

1. Die literarisch gestalteten Bilder haben mit den Fotos meist nicht viel
mehr als die Oberfläche gemeinsam. Im Grunde fungieren erstere als Symbole der gesellschaftlichen Mentalität zu Beginn der fünfziger Jahre – wie
die ganze Stadt über den konkreten Ort München hinaus symbolischen
oder fast allegorischen Charakter besitzt und daher nicht namentlich genannt ist. Aus der Perspektive des »in der Neuen Welt geborenen«, aber
»sich (mit unbestreitbarem Recht) zur europäischen Elite« (*Tauben im Gras,
GW 2*, S. 105) zählenden Dichters: »Edwin sah in dieser Stadt ein Schau-
spiel und ein Beispiel, sie hing, hing am Abgrund, war in der Schwebe,
hielt sich in gefährlicher mühsamer Balance, sie konnte ins Alte und immerhin Bewährte, sie konnte ins Neue und Unbekannte schwanken,
konnte der überlieferten Kultur treu bleiben, doch auch in vielleicht nur
vorübergehende Kulturlosigkeit absinken, vielleicht als Stadt überhaupt
verschwinden, vielleicht ein Massenzuchthaus werden, in Stahl, Beton und
Übertechnik die Vision des phantastischen Gefängnisses von Piranesi erfüllen, des merkwürdigen Kupferstechers, dessen römische Ruinen Edwin
so liebte. Die Bühne war zur Tragödie hergerichtet, aber was sich im Vordergrund abspielte, vor der Stundenrampe, die persönlichen Weltberührungen blieben vorläufig possenhaft.« (*Tauben im Gras, GW 2*, S. 106)

2. Da Koeppen sich in der Figur des scheiternden Schriftstellers Philipp in
vielen Zügen selbst porträtiert und an die Omnipräsenz des Erzählers »die
Vorstellung einer privilegierten Deutungsperspektive des einzelnen, einsamen Künstlers« knüpft (Hielscher 1988, S. 78), ist auch hier sein oben zi-
tiertes Prinzip verwirklicht: Sein Schreiben »ist weniger der Versuch eines
Dialogs mit der Welt als eines Monologs gegen die Welt« (Treichel,
S. 113).

3. Seine ebenfalls ausführlich wiedergegebene Vorstellung vom idealen
Roman, seinen »Versuch einer Aufhebung der Zeit zu einer Gleichzeitigkeit allen Geschehens« (*Vom Tisch, GW 5*, S. 298), erhebt Koeppen 1956 im

Foto einer amerikanischen
Reisegesellschaft auf dem
Marienplatz in München

»Das Zentrum, das Sie hier sehen, war vollständig zerstört. Fünf Jahre Aufbau de-
mokratischer Verwaltung und Verständnis der Alliierten machten die Stadt wieder
zum blühenden Mittelpunkt des Handels und des Gewerbes« Marshallplanhilfe
auch für Deutschland, ERP-Mittel gekürzt, Senator Taft kritisiert Ausgaben. *Der Autobus mit der Reisegesellschaft der Lehrerinnen aus Massachusetts pas-*
sierte die Kreuzung.« (Tauben im Gras)

Vorwort zur zweiten Auflage des Romans (Non Stop-Bücherei, Berlin) zum
Programm: »›Tauben im Gras‹ wurde kurz nach der Währungsreform geschrieben, als das deutsche Wirtschaftswunder im Westen aufging, als die
ersten neuen Kinos, die ersten neuen Versicherungspaläste die Trümmer
und die Behelfsläden überragten, zur hohen Zeit der Besatzungsmächte, als
Korea und Persien die Welt ängstigten und die Wirtschaftswundersonne
vielleicht gleich wieder im Osten blutig untergehen würde. Es war die Zeit,
in der die neuen Reichen sich noch unsicher fühlten, in der die Schwarz-
marktgewinner nach Anlagen suchten und die Sparer den Krieg bezahlten.
Die neuen deutschen Geldscheine sahen wie gute Dollars aus, aber man
traute doch mehr den Sachwerten, und viel Bedarf war nachzuholen, der
Bauch war endlich zu füllen, der Kopf war von Hunger und Bombenknall
noch etwas wirr, und alle Sinne suchten Lust, bevor vielleicht der dritte
Weltkrieg kam. Diese Zeit, den Urgrund unseres Heute, habe ich geschildert, und ich möchte nun annehmen, sie allgemeingültig beschrieben zu

89

Das Münchner Amerika-Haus befand sich seit 1945 in den ehemaligen Repräsentations- und Arbeitsräumen Hitlers in der Arcisstraße.

»Das Amerikahaus, ein Führerbau des Nationalsozialismus, lag hinter Philipp und Kay. Das Haus sah, aus seinen symmetrisch aneinandergereihten Fenstern in die Nacht leuchtend, wie gewisse Museen aus, wie ein kolossales Grabmal der Antike, wie ein Bürogebäude, in dem der Nachlaß der Antike verwaltet wird, der Geist, die Heldensagen, die Götter.« (Tauben im Gras)

haben, denn man glaubte, in dem Roman ›Tauben im Gras‹ einen Spiegel zu sehen, in dem viele, an die ich beim Schreiben nicht gedacht hatte, sich zu erkennen wähnten, und manche, die ich nie in Verhältnissen und Bedrückungen vermutet hatte, wie dieses Buch sie malt, fühlten sich zu meiner Bestürzung von mir gekränkt, der ich nur als Schriftsteller gehandelt hatte und nach dem Wort Georges Bernanos' ›das Leben in meinem Herzen filterte, um die geheime, mit Balsam und Gift erfüllte Essenz herauszuziehen‹.« (*GW* 2, S. 9)

Existenz und Schicksal vieler der etwa 30 Romanpersonen reichen in die Vergangenheit zurück, in die erst gerade vergangene Zeit des Nationalso-

zialismus, aber auch – bei den älteren Personen oder durch Eltern und Vor-
eltern bei den jüngeren – in die Epoche des Ersten Weltkriegs und sogar in
die Ära der Gründerjahre des späten 19. Jahrhunderts, so bei Josef, Emilia
und Philipp. Insofern bildet nicht nur die Gegenwart der Nachkriegszeit
oder gar nur das Jahr 1951 die Szenerie des Romans, vielmehr dehnt sich
diese in die politische und kulturelle Vergangenheit aus, welche in Form
der westdeutschen Restauration die Gegenwart prägt oder zumindest mit-
bestimmt. Und obwohl Koeppen im Roman selbst die Zukunft nicht mehr
thematisiert, regt sein zitierter Hinweis, die geschilderte Zeit sei der »Urgrund unseres Heute« die Leser an, die Kontinuitäten und Folgen der in
den Blick genommenen Gegenwart von damals Jahre später zu reflektieren.

4. Wenn das Interesse an *Tauben im Gras* – wie die vielen Ausgaben des
Buchs bezeugen – bis heute anhält, erklärt sich dieses nicht allein durch das
außergewöhnliche narrative Strukturmodell, das rondoartige Konzept, die
Simultan- und Montagetechnik, die Synchronie, die ebenso raffinierten wie
verblüffenden Verbindungen der einzelnen Sequenzen, artistische Verfahren also, die man zunächst als von Koeppens Lektürefavoriten James
Joyce, John dos Passos und vor allem Alfred Döblin übernommen ansah,
bis allmählich die Unterschiede immer deutlicher in den Blick gerieten
und Koeppen wohl heute nur mit Einschränkung als verspäteter Vertreter
der Literarischen Moderne gelten kann (Becker 2005). Daß der Text bis in
die Gegenwart hinein im Gegensatz zu vielen anderen Romanen der fünfziger Jahre, die Patina angesetzt haben, immer noch frisch und anregend,
komplex und unausgeschöpft, beunruhigend und attraktiv wirkt, erklärt
sich aus Koeppens Geschick, den ernsten und im Grunde tragischen Stoff
mit seiner »Neigung zur Groteske, zur überspitzten Satire, zum Phantastischen« (Treichel, S. 48) zu verbinden.

Dieses mit einem Wort von Thomas Mann als »Durchheiterung« zu bezeichnende Phänomen charakterisiert große Teile des Koeppenschen
Werks (Häntzschel 2003). Fern jeglicher Mimesis will Koeppen in subjektiver Weise das Wesentliche der Zeit, wie wir im Vorwort zur zweiten Auflage gesehen haben, ihre »Essenz« vermitteln, und zwar in der Mischung
von Extremen: »Balsam« könnte im Sinne einer wie auch immer gearteten
realistischen Schreibweise als heilende, lindernde Wirkung verstanden
werden; »Gift« aber meint den Stachel, die satirische oder überspitzt satirische und ironische Distanz, die sich in unterschiedlichen Spielarten zu erkennen gibt, etwa als Konglomerat von »Tragödie« und »Posse«. Um den
zentralen Satz aus *Tauben im Gras* zu wiederholen: »Die Bühne war zur
Tragödie hergerichtet, aber was sich im Vordergrund abspielte, vor der

Das Treibhaus. Roman, Stuttgart: Scherz und Goverts 1953

Stundenrampe, die persönlichen Weltberührungen blieben vorläufig possenhaft.« (*GW 2*, S. 106)
Die Bühnenmetapher verweist auf das Kunstvoll-Künstliche, das Manie-
rierte und Theatralische seines Schreibens, den fiktiven und intertextuellen
Charakter aller drei Nachkriegsromane, deren Titel jeweils schon ein Zitat
ist: *Tauben im Gras* ist ein Motto Gertrude Steins (»pigeons on the grass
alas«), *Das Treibhaus* bezieht sich auf ein Gedicht von Edward Estlin Cum-
mings, *Der Tod in Rom* assoziiert Thomas Manns Erzählung *Der Tod in Venedig* – und die allein schon unter dieser Perspektive als Trilogie gelten können.
Was der Erzähler über Emilia sagt, kann in leichten Variationen als Summe
aller drei Romane gelten: »Das Leben, das Emilia nicht meistert, war Wen-
dezeit, Schicksalszeit, aber dies nur im Großen gesehen, und im Kleinen
konnte man weiterhin Glück und Unglück haben, und Emilia hatte das
Pech, sich hartnäckig und ängstlich an das Entschwindende zu klammern,
das in einer verzerrten, ungeordneten, anrüchigen und auch ein wenig
lächerlichen Agonie lag; doch war die Geburt der neuen Weltzeit nicht weniger vom Grotesken, Ungeordneten, Anrüchigen und Lächerlichen um-
randet.« (*Tauben im Gras, GW 2*, S. 88) Die spezifische Verbindung von Ern-

92

Von Koeppen benutzter Stadtplan Bonns mit hand-schriftlichen Notizen

stem und Tragischem mit Groteskem, Satirischem und Phantastischem, von Komischem und Komödienartigem mit Possenhaftem und Bizarrem, auch in erotischer Hinsicht, entspricht der Zeit zwischen Kriegsende und wirtschaftlichem Aufschwung, zwischen Wiederaufbau und Modernisierung.

Schon Alfred Andersch stellte die Nähe von *Der Tod in Rom* zum Theatralischen her: »[…] ein Prosastück, das sich am Ende liest wie eine Choreographie eines Balletts. Die Figuren sind auf der Bühne Roms angeordnet. Ihr Suchen, Finden und Sich-Verlieren hat nichts mehr mit Wahrscheinlichkeit zu tun.« (Greiner 1976, S. 79) Einem anderen Rezensenten erscheinen die Figuren »wie Marionetten […] auf der Bühne des Geschehens« (Braem 1954, S. 1304). Tatsächlich hat man 1990 im Frankfurter Freien Theater Aaron einzelne Motive dieses Romans in Szene gesetzt (*Frankfurter Rundschau*, 27. Januar 1990, S. 27).

Gegen die häufige Einengung des zweiten Nachkriegsbuchs auf einen politischen Roman hat Koeppen betont: »Der Roman *Das Treibhaus* hat mit dem Tagesgeschehen, insbesondere dem politischen, nur insoweit zu tun, als dieses einen Katalysator für die Imagination des Verfassers bildet. Gestalten, Plätze und Ereignisse, die der Erzählung den Rahmen geben, sind

mit der Wirklichkeit nirgends identisch.« (*Das Treibhaus, Vorspruch, GW 2*, S. 222) Er benutzt zwar einen Bonn-Reiseführer und einen Bonn-Stadtplan, in den er Notizen einträgt, er erhält von einem durch seinen Verleger Goverts vermittelten Informanten Notate über Bonn und stellt selber solche zusammen; für wesentlich aber hält er seine eigenen Imaginationen: »Ich habe mich mal acht Tage in Bonn aufgehalten, und dort hatte ich die Phantasien und die Empfindungen, die dann in das Buch hineingekommen sind. Ich habe überhaupt nicht die Recherchen eines ordentlichen Journalisten betrieben, sondern ich bin durch Bonn hindurchgegangen. Das Ergebnis war das Buch.« (*Ohne Absicht*, S. 154) *Das Treibhaus* schildert nicht maßstabsgetreu die Bonner Politik der frühen Bundesrepublik, sondern vermittelt Eindruck und Wirkung der Bonner Politik auf den Protagonisten Keetenheuve.

Zur komödienartigen, possenhaften und satirischen Struktur seiner Texte gehört auch die freie erotische Schilderung, die im prüden Klima der fünfziger Jahre anstößig wirkte. Manche Passagen – etwa jene oft zitierte Szene der Liebesvereinigung von provozierender Sinnlichkeit aus *Tauben im Gras*: »Sie lagen zusammen, weiße Haut, schwarze Haut, Odysseus Susanne Kirke die Sirenen und vielleicht Nausikaa, sie schlängelten sich, schwarze Haut, weiße Haut [...].« (*GW 2*, S. 215) – hielten die Kunstrichter für obszön.

94

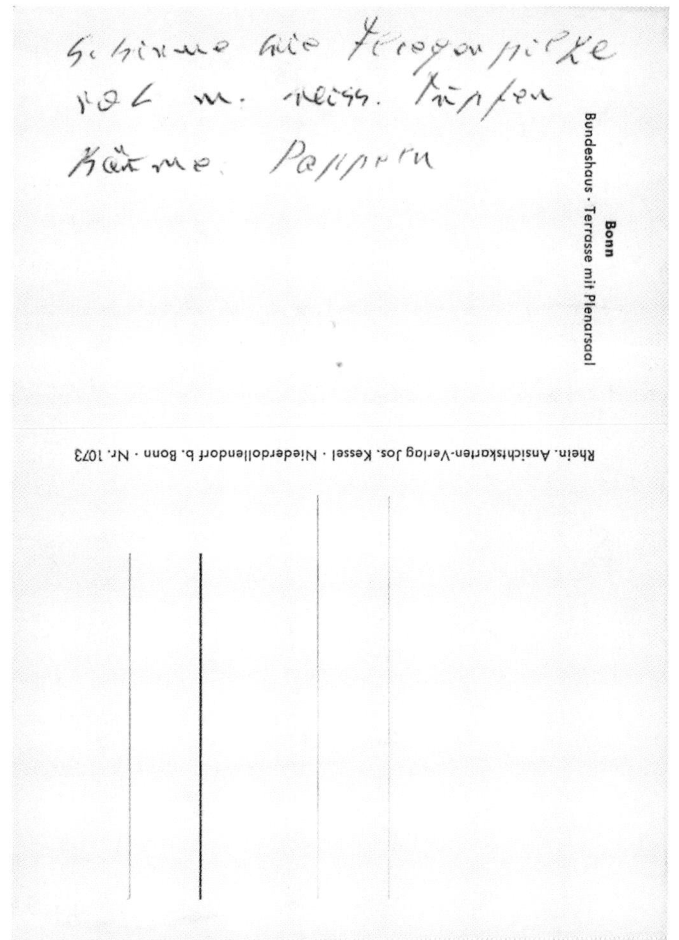

Bonn. Bundeshaus. Terrasse mit
Plenarsaal: »Schirme wie Flie-
genpilze / rot mit weissen Tup-
fen / Bäume Pappeln«

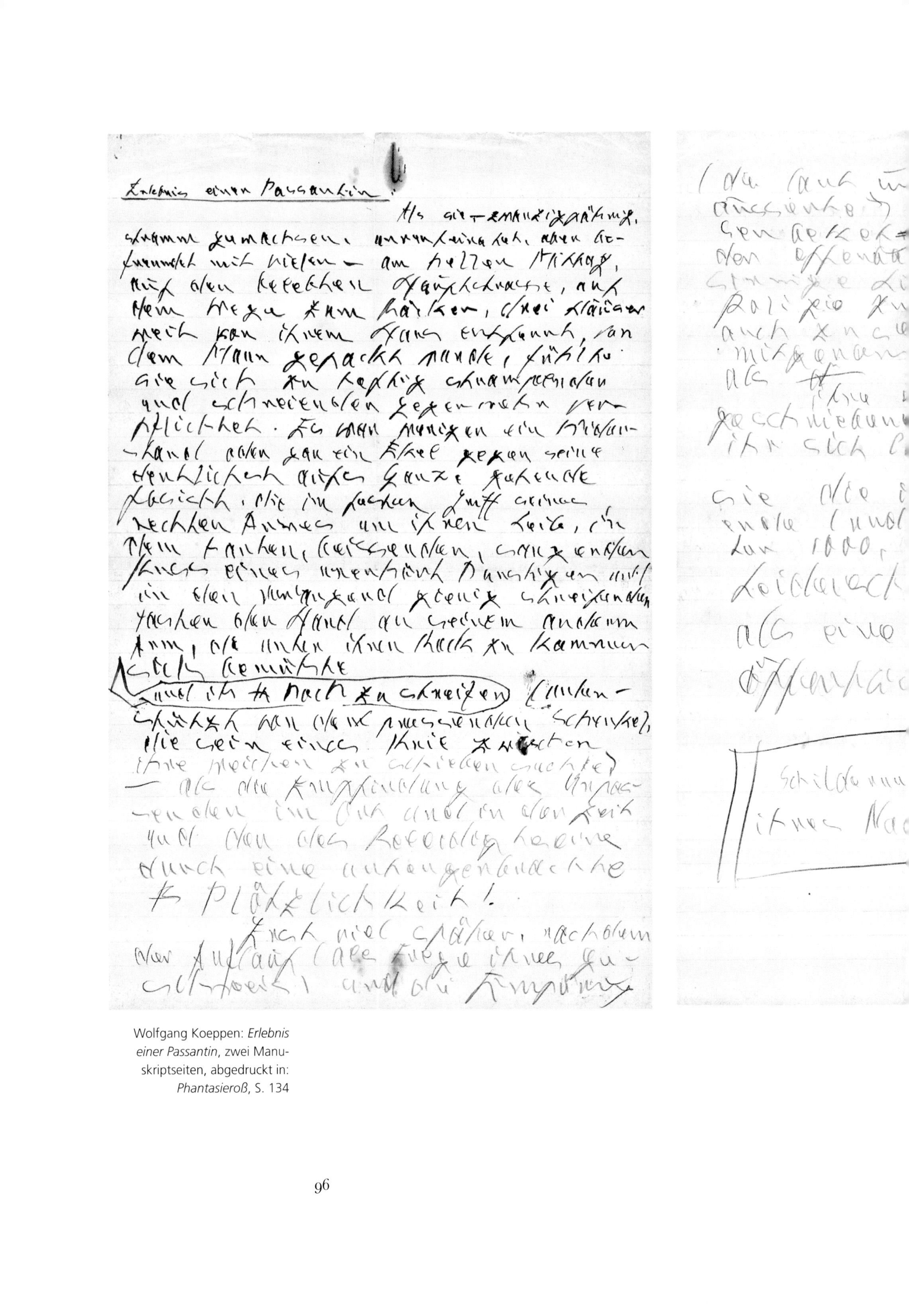

Wolfgang Koeppen: *Erlebnis einer Passantin*, zwei Manuskriptseiten, abgedruckt in: *Phantasieroß*, S. 134

Erlebnis einer Passantin

Als sie – zwanzigjährig, stramm gewachsen, unverheiratet, aber befreundet mit vielen – am hellen Mittag, auf der belebten Hauptstraße, auf dem Wege zum Bäcker, drei Häuser weit von ihrem Haus entfernt, von dem Mann gepackt wurde, fühlte sie sich zu heftig strampelnder und schreiender Gegenwehr verpflichtet. Es war weniger ein Widerstand oder gar ein Ekel gegen seine deutlichst aufs Ganze gehende Absicht, die im festen Griff seines rechten Armes um ihren Leib, in dem harten, beißenden, saugenden Kuß eines unerhört Durstigen und in dem verlangend gierig streifenden Tasten der Hand an seinem Arm, die unter ihren Rock zu kommen und ihn hochzustreifen sich bemühte (unterstützt von dem pressenden Schenkel, der sein eines Knie zwischen ihre weichen zu schieben suchte) – als die Empfindung des Unpassenden im Ort und in der Zeit und der des Beleidigtseins durch eine unhergebrachte Plötzlichkeit!
Erst viel später, nachdem der Auflauf (die Folge ihres Geschreis) und die Empörung (die laut und schlagend sich äußerte) der andern Straßenbetreter geendet und der offenbar plötzlich wahnsinnige Liebhaber von der Polizei zu ihrem (und nun auch zu seinem) Schutz mitgenommen war, da erst, als ihre von der Sitte vorgeschriebene Haltung von ihr sich löste, erkannte sie die irrsinnig ausbrechende (und grade an sie, unter Tausenden, sich wendende) Leidenschaft des Mannes als eine gewaltige und öffentliche Huldigung.

Telegramm mit begeisterter Zustimmung zu *Das Treibhaus* von Gert Westphal an den Goverts-Verlag, 19. November 1953

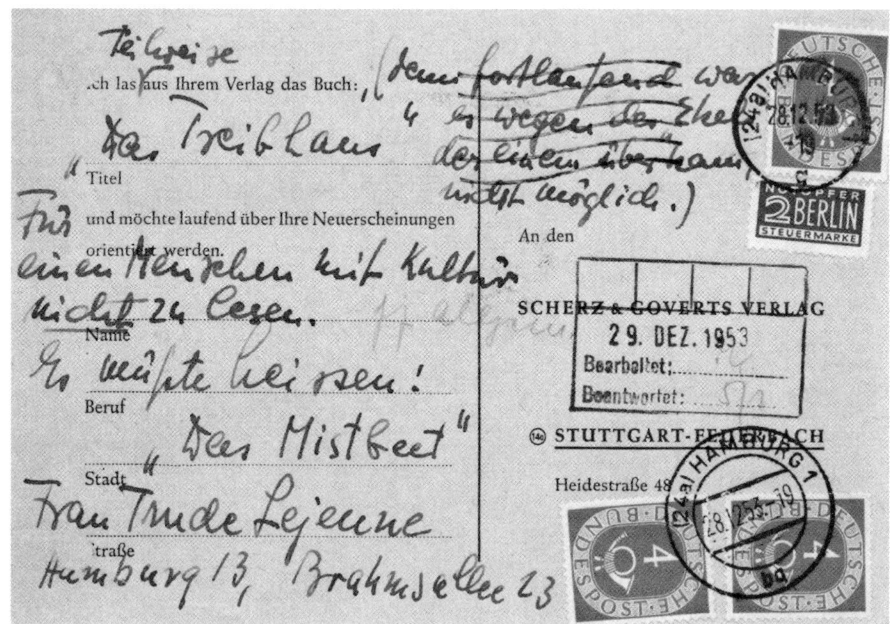

Postkarte einer entsetzten
Leserin an den Goverts-Verlag

Bloße Provokation ist dabei nicht im Spiel, wie ein kurzer Text aus dem Nachlaß belegt: Unter dem Titel *Erlebnis einer Passantin*, bestehend aus drei verschachtelten Sätzen, verwandelt Koeppen eine männliche Gewaltphantasie in die Huldigung für die Frau. Im Schreiben und in der Aufgeregtheit der außer Kontrolle geratenden Handschrift wird die Erregung des Mannes und des Dichters gleichermaßen sichtbar.

Nach dem allgemeinen Kunstgeschmack der fünfziger Jahre hat sich Koeppen in der Darstellung des Sexuellen in allen Spielarten und in der Beschreibung von Abhängigkeiten, von Alkohol und Drogensucht, weit vorgewagt. Dieses ungeschützte und unbeschönigende Benennen – nach Reich-Ranicki »die sinnlichste Prosa, die in deutscher Sprache nach 45 geschrieben wurde« (*Ohne Absicht*, S. 166) – hat ihm den Vorwurf der Schamlosigkeit, der Pornographie eingebracht. Selbst Henry Goverts nötigt den Autor zum Austausch von angeblich anstößigen Vokabeln im Manuskript des *Treibhauses*. Sich der Autorität seines Verlegers fügend, nimmt Koeppen die Änderungen zähneknirschend vor: »Ich muß mich dagegen wehren, für einen pornographischen Schriftsteller gehalten zu werden. […] Ich gebe jedoch zu, daß es der Ernst meines Themas verlangt, den Eindruck zu vermeiden, ich hätte solche Worte oder Bilder leichtfertig und überflüssigerweise gebraucht. Ich habe deshalb auch an verschiedenen Stellen ›Obszönitäten‹ gestrichen oder gemildert, und ich bin bereit auch noch in weitere Streichungen oder Abschwächungen einzuwilligen.« (An Goverts, 4. September 1953, UB Greifswald) Eine Manuskriptseite zeigt den engen moralischen Spielraum, den der Verleger seinem Autor einräumt. Dennoch betiteln die *Salzburger Nachrichten* ihre Besprechung des *Treibhauses: Porno-poli-tischer Nihilismus* (14./15. November 1953).

Die Publikumsreaktionen schwanken zwischen Extremen. Neben begeisterter Zustimmung – »Koeppen hat das Zeug zu einem Malaparte der deutschen Literatur; ein Fanatiker der negierenden Wahrheit; ein liebender Häretiker, der seine Stilmittel besser beherrscht als er seinen Stoff kennt« (Telegramm von Gert Westphal, Suhrkamp-Archiv) – viel empörte Entrüstung: »›Das Treibhaus‹. Für einen Menschen mit Kultur <u>nicht</u> zu lesen. Es müßte heißen: ›Das Mistbeet‹.« (Postkarte an den Goverts Verlag, SA) Einer Leserin gegenüber, die Koeppen mitteilte, sie vermisse »die positiven und aufbauenden Ideen«, rechtfertigt er sich brieflich: »Mein Roman gibt das Bildnis eines Mannes Keetenheuve, ein Portrait in einem gebrochenen und schmutzigen Spiegel, und Keetenheuve ist für mich der Vertreter (und bis zu seinem Ende einer der wenigen Überlebenden) der zerriebenen, geschlagenen, missbrauchten, immer wieder enttäuschten, im Elend umgekommenen, neurotisch, böse und albern gewordenen linken Intellektuellen.« (SA)

Groteske, Satire und Phantasie sind auch die Elemente, mit denen Koeppen seinem dritten Roman, *Der Tod in Rom*, Faszination wie Irritation und Abscheu gleichermaßen verleiht (Häntzschel 2001). Interpreten, denen es ausschließlich darum geht, den Protagonisten Judejahn als Personifizierung des autoritären Charakters zu deuten (Mitscherlich), in ihm »eine realistische Verkörperung jener Brutalität und Borniertheit, die besonders dem deutschen Militarismus eigen sind« (Cwojdrak), zu erkennen, reduzieren den Roman auf ein soziales Psychogramm und übersehen die raffiniert-artifiziellen Stilmittel, die groteske Mischung von Ernst mit Komik und Skurrilität. So verhält sich Judejahn, der gefürchtete Nazi und Massenmörder, bei den Nürnberger Prozessen in Abwesenheit zum Tode verurteilt, in Rom nicht nur wie ein furchtbarer Verbrecher, sondern gleichzeitig wie ein Tölpel, verunsichert, hilflos und hilfebedürftig in einem. Auch der Handlungsablauf mit den anderen Personen und die Örtlichkeiten, an denen sie agieren, sind in bewußter Verzerrung und Übertreibung inszeniert. Die von Piranesis Veduten – Piranesi als eine die Vorstellungskraft Koeppens prägende Gestalt macht sich hier erneut bemerkbar – beeinflußte dunkle, dämonische, gespenstische Sphäre Roms, seine »Keller, Treppen, Gänge, Verliese, Käfige, Wartesäle des phantastischen Gefängnisses«, verstärken den düsteren und beklemmenden Eindruck, zumal im Gegensatz zur üblichen Rom-Imagination: »In der Vorstellung der meisten lebt Rom in einem verklärenden Licht. Es ist das Licht auf den bekannten römischen Ansichten von Canaletto und Pannini, das Licht auf den Rombildern der

Der Tod in Rom. Roman, Stuttgart: Scherz und Goverts 1954

deutschen Romantiker, der Abend am Tiber, das Colosseum im Sonnen-
untergang, das Lager in der Campagna, Mauern und Türme, die, hoheits-
vollen Engeln gleich, in der blauen Luft stehen oder gar schweben, es ist
das Licht, das wie eine Zauberessenz Rom zu reinem Geist und schönem
Glücklichsein läutert. Die Stadt dieses Lichts hat nichts Irdisches.« (WKA,
Mappe *Rom*)

Da die Literaturkritik der fünfziger Jahre sich meist an den Idealen der
Realitätsnähe und des die Wirklichkeit verklärenden und überhöhenden
Romans nach dem Modell des Poetischen Realismus orientiert, geraten
zunächst die Elemente, um die es Koeppen in seiner Darstellung zu tun ist,
auf die negative Seite der Beurteilung: »Als Studie über Gespenster ist
Koeppens Buch von subtiler Meisterschaft. Als Spiegel der deutschen
Wirklichkeit aber ist es – vielleicht zum beabsichtigten – Zerrspiegel geworden in einer Sache, wo wir dringend eines genauen Spiegels bedürf-
ten.« (Hühnerfeld). »Die Restaurations- und Rachegelüste; die Hilflosigkeit
und Verzweiflung; das verpestete Innenleben, aus dem der falsche Idealis-
mus sprießt; die unter der demokratisch polierten Oberfläche rumorenden
machtlüsternen und anarchistischen Kräfte – sie werden hervorgezerrt und
der Zersetzung durch das Tageslicht preisgegeben.« »Ein Sortiment von
Perversitäten.« (Hensel) »Wolfgang Koeppen, der beim Hochzeitsschmaus
des deutschen Wunders an die kalten Leichenschüsseln der Nazizeit

1956: die englische Übersetzung

1961: 2. Auflage der englischen Übersetzung

1959: die italienische Übersetzung

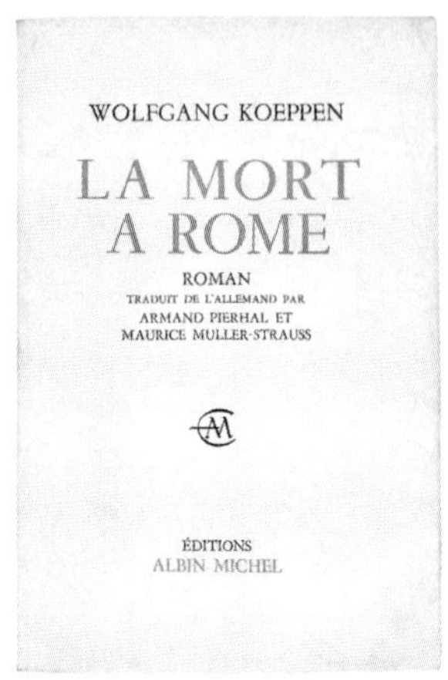

1962: die französische Übersetzung

1964: die niederländische Übersetzung

1960: die ungarische Übersetzung

1967: 2. Auflage der ungarischen Übersetzung

1958: die kroatische Übersetzung

1966: die slowakische Übersetzung

1966: die ukrainische Übersetzung

1967: die bulgarische Übersetzung

1967: die lettische Übersetzung

LOUIS BROMFIELD · DALE CARNEGIE
WINSTON S. CHURCHILL · DUFF COOPER
A. J. CRONIN · WARWICK DEEPING
GEORG K. GLASER · MARTIN GUMPERT
FRANCIS HACKETT · FANNIE HURST
WILLIAM FAULKNER · GAYELORD HAUSER
GERHARD F. HERING · ROBERT JUNGK
ERIC KNIGHT · WOLFGANG KOEPPEN
HORST LANGE · CARSON McCULLERS
DAPHNE DU MAURIER · M. B. RAY
K. v. SCHUMACHER · IRWIN SHAW
HOWARD SPRING · GERHARD THIMM

S .. ERZ & GOVERTS VERLAG
STUTTGART

Empörte anonyme Zuschrift über *Der Tod in Rom* an den Goverts-Verlag

denkt.« (Horst) »Muß das sein?« »Was die Höllentemperatur satirischen Hasses herauspreßt, sind nicht Menschen oder menschenähnliche Wesen, sondern schlichtweg Schemen, Gespenster, eingehüllt in die Bettlaken eines sich an Phrasen entzündenden Ressentiments.« (Tank) »Was Wolfgang Koeppen schreibt, ist Dynamit.« (Kirst) »Diese Deutschen bewegen sich durch Rom als Spottgeburten der großen Geschichte, die sich in Vergangenheit und Gegenwart der Ewigen Stadt manifestiert. Sie kontrastieren zu der lebendigen Kulisse Roms in scheußlicher Weise. Sie sind ›Der Tod in Rom‹, zugleich eine Karikatur auf den ästhetischen Liebestod des Thomas Mannschen Schriftstellers Aschenbach im ›Tod in Venedig‹.« (*Der Spiegel*, 17. November 1954)

Die zunächst im Exil verweilenden Kritiker kommen zu einer angemesseneren Würdigung entsprechend der schon 1938 von Ernst Bloch in seinem Essay *Der Nazi und das Unsägliche* vorgetragenen These, die furchtbaren und erbärmlichen Naziverbrechen seien nicht im Ton der Anklage, Moral und Kritik darzustellen, sondern mit den wirkungsvolleren Verfremdungsmitteln des bittersten Witzes und der grotesk-komischen Satire (Steinlein). Der Emigrant Ludwig Marcuse schreibt im New Yorker *Aufbau* 1955: »Was die Hauptfiguren sagen, stand noch in keiner Zeitung – weshalb manche deutschen Rezensenten sie verzerrt nennen. Aber auch ›Iphigenie‹ ist ›verzerrt‹; man trifft solche Damen auf Parties nicht. Koeppen ist imstande, das bis zum Ueberdruss Bekannte mit wenigen Strichen zu verewigen, welches Lust bereitet, wie die pure Wahrheit immer Lust bereitet.«

»…*man wußte doch, worauf man sich eingelassen hat, diese absurde, diese unmittelbare Existenz, diese Danebenposition in der Arbeitswelt, dieses Gegendasein in einer kapitalistischen Ordnung, dieses den Unterhalt auf Einfälle bauen, auf die Hirngespinste eines Kopfes, auf eine Ahnung von Sprache, Schönheit, Elend, Folter, Tod, auf die menschliche Tragödie, auf eine Ware ohne Nachfrage auf einem künstlichen Markt. Was gäbe es zu jammern? Und warum jammern?*«
(Treichel, S. 54)

»Der Zwang zu schreiben quält mich entsetzlich. Den Rat, den ich einem jungen Mann geben würde, der Schriftsteller werden möchte: Er sollte sich nicht oder erst spät, möglichst spät, in die furchtbare Sklaverei begeben, vom Schreiben leben zu müssen. Zu empfehlen wäre ein Familienvermögen, wie Proust es besaß. Wer unglücklicherweise sein Brot verdienen muß, sollte keinen halbliterarischen Beruf wählen, nicht Redakteur, Dramatiker, Lektor werden, eher Börsenmakler, Bankangestellter oder Portier in einem Bordell, nichts, was an den Kräften zehrt. Wenn ich aber schreibe, freut es mich. Ich bin manchmal sogar zufrieden mit dem, was ich schreibe, und dann wieder bin ich überzeugt, eine Tätigkeit auszuüben, die vollkommen sinnlos ist, eine Tätigkeit, die versucht, Sinnloses zu gestalten, was wiederum ganz sinnlos ist.«
(Treichel, S. 80)

Der Schriftsteller Wolfgang Koeppen wird heute 60

Ich bin ein Stiller

Neulich erst, in einer Umfrage, hatte er gemeint: „Ich halte mich nie für den rechten Mann, eine Frage zu beantworten." Wir freilich kannten Wolfgang Koeppen und diese Bescheidenheit und besuchten ihn dennoch in seiner Münchner Wohnung. Wir hatten unsere Fragen und einen guten Anlaß — der Schriftsteller Wolfgang Koeppen wird heute 60 Jahre alt.

*

Ein Interview mit Koeppen in diesen Wochen — jeder im literarischen Leben einigermaßen versierte und informierte Leser wird es sich vorstellen — beginnt mit einer nüchternen, mit einer verlegen vorgetragenen und umständlich formulierten Frage nach dem neuen Roman, dem lange erwarteten „neuen Koeppen".

Zwischen den Zeilen, hofft der Interviewer, wird er schon Informationen erhaschen können und in einer Geste versteckt die Auskünfte erhalten.

Doch welche Überraschung: Die Antwort kommt präziser als die Frage. Sie schlägt keine Haken. Sie flüchtet nicht in den vagen Hinweis.

Zwölf Jahre nach dem letzten Roman soll vielleicht noch in diesem Herbst (vielleicht aber auch erst im nächsten Frühjahr) dieser neue Koeppen erscheinen. Das Manuskript ist fast abgeschlossen; ein paar Wochen noch, und die Prosa kann an Verleger Siegfried Unseld abgehen. Auf dem Deckblatt freilich wird aller Voraussicht nach ein anderer als der abgesprochene Titel stehen.

Nicht Bismarck — nur ein ‚Fragment'

Nicht mehr „Bismarck oder alle meine Tränen", sondern ein schlichtes „Fragment". Darunter, meint Koeppen, wolle er eventuell noch diesen Untertitel schreiben: „Ein Roman".

Ein Roman? Vor ziemlich genau fünf Jahren — ihm war gerade der Literaturpreis der Stadt München verliehen worden — hatten wir mit Koeppen über sein „nächstes Buch" gesprochen — über den ersten Band einer Trilogie. Ist „Fragment" nun dieser Roman, dieses erste Drittel?

Er ist's! Und er wird doch auch ein anderes Buch sein. Denn eine „schwierige und krisenhafte" Arbeit war das Verfertigen dieses Buches geworden. Die Fundamente aller Schriftstellerei wurden für Koeppen erschüttert ... und je neugieriger in literarischen Kreisen nach dem „neuen Koeppen" gefragt wurde (und kaum ein deutscher Roman wird augenblicklich mit größerem Interesse erwartet), desto schwieriger wurde es für den Autor, ein Finis unter das Manuskript zu setzen.

Die Fundamente aller Schriftstellerei schienen erschüttert — und geblieben ist immer noch „ein Unbehagen am Roman, ein Mißtrauen gegen alles Geschriebene". Und die Einsicht: „Man kann nur noch Beiträge zur Literatur schreiben, die aus einer Zwangslage heraus ‚Roman' genannt werden."

„Fragment" ist nach des Autors Worten das „Produkt einer Krise". Einer Krise, die überwunden ist? Es scheint, daß Neuland sich abzeichnet; Möglichkeiten, auch in Zukunft Bücher zu schreiben.

Der Titel freilich ist kein Zugeständnis an modische Vorlieben für Bruchstück und Unvollendetes. Er ist sehr wörtlich zu nehmen: Der Roman — auch wenn das Manuskript zum Buche gebunden ist — hat sein Ende noch nicht gefunden, ist unterwegs, ist *work-in-progress*. Nicht der neue Koeppen-Roman wird erscheinen, sondern ein (in sich wohl abgeschlossener) Teil: „Ich veröffentliche etwas davon ..." ist Koeppens Kommentar.

Wird erzählt werden in dem Buche, was vor fünf Jahren über

WOLFGANG KOEPPEN

den „nächsten Koeppen-Roman" in dieser Zeitung stand: „Es soll Zeitkritik werden, aber nicht direkt ..., die Handlung wird zwischen 1918 und 1945 spielen, ‚da sich in diesen Jahrzehnten unser Schicksal weitgehend entschieden hat'. Anders gesagt: ‚Das Buch soll ein Versuch sein, dem deutschen Verhängnis auf die Spur zu kommen'."?

Es wird die Zeit nach dem Ersten Weltkrieg dargestellt, eine norddeutsche Universitätsstadt wird der Schauplatz sein. Insoweit, scheint es, hat sich nichts Entscheidendes geändert. Doch heute fügt Koeppen hinzu: „Dies wird kein realistischer Roman werden, mehr ein gebrochenes Spiegelbild im Innern." Und: „Es wird auch kein dickes Buch werden ... Was diesem ‚Fragment' dann folgt (d. i. in der Trilogie), kann aber durchaus wieder umfangreicher werden ..."

Zeitkritik also. Doch schließt dieses „Fragment" an die großen, an die viel gerühmten und die (mancherorts) heftig abgelehnten Koeppen-Romane der fünfziger Jahre an, an die Nachkriegstrilogie „Tauben im Gras" (1951), „Das Treibhaus" (1953), „Der Tod in Rom" (1954)?

Kein Kontinuum, meint Koeppen, keine direkte Verbindung.

Doch Zeitkritik, wie jene drei Romane, die zu ihrer Zeit für manchen Leser ein zu schwarzes, zu böses Bild von der Bonner Republik zu zeichnen schienen.

Die Zeit hat Koeppen inzwischen Recht gegeben. Sie hat ihn nicht nur eingeholt, sie hat ihn überrundet. „Stehen Sie auch heute noch zu jenem Wort, daß wir schlachtreif wären, daß nicht nur Wohlstandswölkchen am deutschen Himmel hochzögen?" Ein kurzes Überlegen nur und diese Antwort: „Ja. Doch mit dem einen Unterschied: Daß wir inzwischen tatsächlich geschlachtet sind — nur hat es sich noch nicht herumgesprochen. Ich bin noch pessimistischer geworden."

Im „Fragment", so scheint es, gräbt Koeppen an den Wurzeln deutschen Übels. Engagierte Historie darf man erwarten. Gibt es nicht den Wunsch, nach der Kritik ans Adenauer-Deutschland (in jenen drei Romanen) nun auch Erhards Deutschland im Roman darzustellen?

„Die Versuchung ist jeden Tag da ... Das wäre ein Buch, das in München spielte, in der Gegenwart; das vom Tagesgeschehen lebte. Eine Person erleidet dieses Geschehen. Sie ängstigt sich. Es ist ein Mann, der in den Jahren zu Geld gekommen ist und der nicht mehr viel zu arbeiten braucht. Er bringt seine Tage nun hin mit sinnlosen Autofahrten — in einem großen ‚Schlitten' —, in Fahrten ohne Sinn. Ohne Ziel und ohne Zweck, nur seiner Freundin zu Gefallen. Und nie auf größeren Strecken. Der Mann fährt immer nur den Äußeren Ring ab ..."

Ein Buch zeichnet sich hinter dieser Geschichte eines Reichgewordenen ab. Ein Plan — ein Plan von vielen. Denn Wolfgang Koeppen, der Melancholiker und der Moralist unserer Literatur, hätte noch viele Bücher zu schreiben. Der 60. Geburtstag ist so gesehen für ihn keine Etappe, ist zuhöchst ein kleines Ärgernis. Für uns freilich ist dieser Tag ein willkommene Gelegenheit, ihn unserer Verehrung und unseres Dankes zu versichern.

Wir hatten es gut gemeint: Ein kleines Porträt, eine bescheidene Würdigung des Werkes von Wolfgang Koeppen wollten wir in einem Interview geben. Doch gesprochen wurde, wie man hier nachlesen konnte, vom nächsten Buch, von den nächsten Büchern.

Das aber, meinen wir, ist wiederum kein schlechtes Ergebnis: Was wollen die Verehrer Wolfgang Koeppens lieber hören als die Ankündigung, daß ein neues Buch erscheint? Und was beschäftigt den Schriftsteller (auch an seinem 60. Geburtstag) selbst am meisten?

Hätten wir auch ein Porträt versucht, hätten wir von dem Stilisten und dem Moralisten Wolfgang Koeppen gesprochen, besser hätten wir ihn nicht zeichnen können, als er selbst es getan in seiner Dankrede für den Büchnerpreis 1962:

„Ich bin, glaube ich nun, nicht zuletzt deshalb Schriftsteller geworden, weil ich kein Handelnder sein mag. Ich liebe es nicht, mich auf den Markt zu begeben und zu reden. Ich bin kein Mann des geselligen Mittelpunktes. Ich bin ein Zuschauer, ein Stiller, ein Schweiger, ein Beobachter, ich scheue die Menge nicht, aber ich genieße gern die Einsamkeit in der Menge, und dann gehe ich in mein Zimmer, an meinen Tisch und schreibe oder versuche es wenigstens ..."   *hans f. nöhbauer*

106

V. »Literaten haben ihre unglücklichen Lieben, aber sie sterben nicht an ihnen, die nähren sie.«

Liebe und Sexualität ereignen sich in Koeppens Leben und Schreiben als rasende Obsession und existentielles Leiden an einer nicht erwiderten Liebe oder als männliche Lust nach Ausschweifung gemeinsam mit der Kindfrau. Sie reichen von gewöhnlicher Promiskuität bis zum ästhetischen Erlebnis. Dazu gehört eine Treue, die das eigene Leben und erst recht das Werk immer wieder zu zerstören droht. Und Koeppen verfährt mit diesen Liebesdingen das eine Mal höchst diskret, dann wieder provozierend öffentlich. »In Liebe fallen, ist ein schönes, ein unheimliches Wort«, schreibt Koeppen (*GW 6*, S. 201). Und er weiß, wovon er spricht. Auch ihm ist es so ergangen, mindestens zweimal in seinem Leben und so heftig, wie es dem stets als schüchtern, fast linkisch beschriebenen jungen Koeppen kaum zuzutrauen ist. Privatsache? Intimsphäre? Nicht bei Koeppen. Liebeslust und Liebesleiden des Autors sind von Ereignissen in einem fiktiven Liebesroman nicht zu unterscheiden, er ist die Romanfigur, die angebetete, die rasend begehrte Frau spielt eine literarische Rolle, jedes Glied ihres Körper wäre ihm Stoff für ein Buch, die erlebte Liebe ist ununterscheidbar mit seinem Schreiben verwoben.

Und das Unglück gehört dazu. »Er liebt seine Qual«, so charakterisiert Koeppen den eifersüchtigen Erzähler in Marcel Prousts *À la recherche du temps perdu*, »er ist der Gefangene Albertines […] der Gefangene der Summe ihrer Möglichkeiten, ihrer Möglichkeiten, Verbindungen mit jedermann einzugehen, Verbindungen mit jedermann haben zu können« (*Marcel Proust und die Summe der Sensibilität, GW 6*, S. 178). In Koeppens hinterlassenen Papieren stößt man auf Konvolute von Aufzeichnungen, von nichtabgeschickten Briefen, die dieses Beziehungsmuster unablässig wiederholen. Sie gelten den großen unglücklich-glücklichen Lieben seines Lebens. Spricht er nicht von sich selbst, wenn er bei Marcel Proust auf das »zwangsläufig Tragische seiner Lieben« hinweist? (*GW 6*, S. 179)

»wie eine Uhr tickt, immer, immer, immer, in jeder Sekunde: Sybil!« – Sybille Schloß

Wie der schüchterne, vielleicht auch ein wenig verschüchterte, überdies brotlose Koeppen aus dem provinziellen Greifswald in Berlin 1927 die strahlend schöne Sybille Schloß kennengelernt hat? Vielleicht im Romanischen Café? Vielleicht durch den Schauspieler Wilfried Seyferth, mit dem er befreundet war, der ihm zum – erfolgreicheren – Rivalen wurde?
Sybille Schloß, 1910 in München geboren und in Alzey aufgewachsen, lebt heute in New York. Sie erzählt gerne, wie sie sich im September 1926 als kecke Sechzehnjährige auf eine Anzeige in der *Literarischen Welt*, die Filmeleven zu Probeaufnahmen suchte, umgehend mit einem Großfoto und dem Begleitbrief bewarb: »ich denke, dass ich ausgezeichnet bin für Filme, denn ich bin vollkommen hemmungslos. Und dann hab ich gedacht, der wird mir nicht antworten, ich muss da hinfahren. […] Und bin gleich zur Redaktion gegangen und der Willy Haas war so aufgeregt und da ist er rumgelaufen ›die Hemmungslose ist da, die Hemmungslose ist da‹ und alle haben sie mich angeguckt und so bin ich da hingekommen.« Und wurde für einige Zeit Haas' Geliebte (Mahr, S. 4f.). Sie hat kleine Filmrollen, im Juli 1931 strahlt ihr Porträt auf Scherls Magazin vom Zeitungskiosk.
Die Materialien zu »Sybille« in Koeppens Nachlaß offenbaren ein Liebesdrama. Die Angebetete lockt und entzieht sich, flirtet und erhört ihn nicht, verspricht die nächste Nacht und überlegt es sich anders, macht den Liebestollen mit anderen Männern rasend. Sein Begehren ist von einer Zähigkeit, die die Grenze der Selbsterniedrigung weit überschreitet. Der Liebeskranke, der so unbedingt Dichter werden will, liebt und schreibt, leidet und schreibt, tobt und schreibt: flehentliche Briefe, die er nie abschickt, Rechtfertigungen, furiose Anschuldigungen, zerknirschte Selbstprüfungen, viele Zettel sind in der Erregung hingekritzelt, sind unleserliche Ausbrüche. Im Mai/Juni 1929 scheint die Qual der Eifersucht den Höhepunkt erreicht zu haben, sie ist nicht mehr auszuhalten. Ein Bekannter schickt ihm einen Revolver mit Gebrauchsanweisung, die Abschiedsbriefe an die Tante, an Sybille hat er sorgfältig aufbewahrt, die Verfügung über seine bescheidene Hinterlassenschaft getroffen: »Alles Schriftliche, das ich hinterlasse und das zu vernichten mir keine Zeit mehr bleibt, ist zu verbrennen.« (WKA, 10. Juni 1929 an Olga Köppen) An den Freund Wilfried Seyferth:

»Meine letzte, ehrlichste, schärfstens bedachte Meinung ist diese: ich bin das Opfer eines Missverständnisses! Es ist mein nicht zu erschütternder Glaube, dass Sybil für mich bestimmt war. D. h. ich weiß nicht nur, dass sie das einzige Wesen ist, dessen Existenz mich erschüttert, dessen ich bedürftig bin, das ich so liebe, dass ich ohne es eben nicht mehr leben kann; d. h. ich glaube auch zu wissen, dass ich – wäre es mir gelungen das Missverständnis zu erkennen und zerstören, – der einzige Mensch wäre, ihr überirdisches Verlangen nach Freude zu stillen.« Nach dreieinhalb dicht vollgeschriebenen Seiten sagt der Unglückliche Lebewohl: »Der Tod ist ebenso sinnlos wie das Leben. Ich ertrage nur den Schmerz des Lebens nicht mehr: wie eine Uhr tickt, immer, immer, immer, in jeder Sekunde: Sybil! Andere schlafen mit ihr, ich liebe sie.« (WKA, 30. Mai 1929)

Koeppen hat sich nicht erschossen, und ob die andere Variante wirklich aufgeführt wurde, »die somewhat melodramatic episode mit dem Revolver«, so wie sie Sybille Schloß erzählt (Döring, S. 81) und Koeppen im Roman *Eine unglückliche Liebe* gestaltet hat, geht aus dem Nachlaß nicht hervor: daß der rasend Liebende von Sybille verlangte, sie solle ihn erschießen. Es bleiben alle Beteiligten am Leben. Spürt der Liebestolle nicht, wie seine Zudringlichkeit ihr auf die Nerven geht? »Nichts wäre mir angenehmer, als wenn du Berlin verlassen würdest.« (WKA, Sybille Schloß an Koeppen, 27. März 1930)

Das Münchner Kabarett *Die Pfeffermühle* und Wolfgang Koeppen – wie kam es zu dieser Verbindung? Die Forschung hat allerlei Vermutungen angestellt, und Koeppen hat jede Menge Legenden in die Welt gesetzt. In kaum einem Interview, in dem seine Lebensgeschichte zur Sprache kommt, bleibt die Mitarbeit bei der *Pfeffermühle* unerwähnt, umgestaltet zur Ensemblezugehörigkeit, verlängert bis weit ins Exil. Der Nachlaß erzählt eine viel simplere Geschichte.

1931 wird Sybille Schloß an die Münchner Kammerspiele engagiert. Kolleginnen im Ensemble sind Therese Giehse und zeitweilig Erika Mann. Beim Start der *Pfeffermühle* am 1. Januar 1933 in der Münchner Bonnonière sind sie dabei. Am 12. Januar schreibt Sybille an »Wölfchen« einen kurzen diktatorischen Brief: »L.W. Du mußt umgehend hier erscheinen ›die Pfeffermühle‹ ansehen, und mir etwas dichten fürs Februarprogramm. Ich wohne ab Sonntag Pension Romana Akademiestr. 7. Da kannst du auch wohnen. Dalli dalli deine Sybille.« (WKA) Sybille winkt, und Koeppen gehorcht, nimmt einen kurzen Urlaub beim *Börsen-Courier* und verbringt die letzte Januarwoche in München. Der Nachlaß Erika Manns enthält sein Lied *Träumerei* in Sybille Schloß' Handschrift. Unter dem Titel *Komplexe* tritt Sybille Schloß im zweiten, dem Februarprogramm 1933 damit auf –

Die Furchtbarste

Beim Anblick der Sybillen des Michelangelo

Dem ersten Blick scheint die cumäische Sybille die furchtbarste zu sein unter den Sybillen des Michelangelo in der Sixtinischen Kapelle. Ein Koloß und unheilschwer wie eine bleifarbene Gewitterwolke hockt sie auf ihrer Bank. Die Muskeln ihrer nackten Arme wölben sich schlagbereiten Keulen gleich vor dem unförmig geschwollenen Leib, und dem Schauenden kommt bald die Vision, daß sie sich erheben könnte wie ein Turmgemäuer und mit dem breiten Schicksalbuch in ihren groben Händen zum vernichtenden Wurf ausholen gegen den Vermessenen. der ihre Prophetie begehrt. Aber wenn man sich an die überirdischen Maße gewöhnt hat und weiß, daß sie ruhig bleibt und wie aus Stein gehauen, dann sieht man allmählich, daß das Antlitz, das drohend schien und brutal, das sorgende Gesicht einer Mutter ist, die das karge Brot ihren vielen Kindern schneidet.

Auch die dunkle, abgewandte und halb verschleierte persische Sybille ist nicht die furchtbarste. In ihrem sinnenden Hineinschauen in das Heft in ihren Händen ist noch die Hoffnung auf ein gutes Schicksal und einen tröstenden Spruch zu finden. Es ist zwar Trauer in der Welt, doch noch kein Untergehen. Von der persischen Sybille geht die Ruhe einer Weisen aus, der man vertrauen kann.

Weniger mythisch versunken als die cumäische und die persische ist die eigentlich helle Erscheinung der lybischen Sybille. Die feinen Züge ihres Gesichts sprechen von einer Klugheit, die schon den Haß verwirft. Wenn eine unter den Schicksalskünderinnen zu helfen und zu lenken bereit ist, dann ist sie es.

Ganz aber wie von Sonnenlicht umflossen, lieblich beinahe und wärmend, **bietet sich die delphische Sybille dem** Auge an. Sie scheint ohne Fehler zu sein, zart gegliedert, jung, ein Kind fast noch und offenen Blicks den scheuen Blick des Fragenden erwidernd. Und doch ist sie die Furchtbarste der Sybillen!

Sie ist der Sphinx verwandt, bevor sie sich verwandelt und noch das kleine Mädchen ist, das mit dem treuen Hundekopf des Anubis spielt, obwohl sie sehr wohl um den finsteren Bund weiß, der sie mit dem Totengott vereint. Sie ist ein Kind und sie ist schön. Die Amerikaner sprechen verzückt von ihrem Engelantlitz, daß keinem eine Hoffnung bietet. Es macht ihr Spaß zu täuschen und zu trügen aus einer Lust heraus, die durchsichtig ist und klirrend zerbrechlich wie Glas. Ihrem Gesicht verfallen zu sein, bedeutet den Untergang. Das Liebliche verfolgt. Und leicht kann es einem Herren aus New York passieren, daß ihre Augen ihn schrecken bis in die Untergrundbahn unter den Wolkenkratzern seiner Stadt, wenn er dort nach einem Tag schwerer und nicht Verlust bringender Geschäfte eine Erscheinung sieht, die im Erinnern i h n versteinern läßt. **Wolfgang Koeppen.**

Die Furchtbarste. Beim Anblick der Sybillen des Michelangelo. In: *Berliner Börsen-Courier,* 5. September 1933

rechte Seite:
In den fünfziger Jahren

110

Sybille Schloß, Porträtfotografie,
Atelier Robertson, Berlin, Ende
der zwanziger Jahre

»Denn wer der dich kennt, kann es verantworten, vermisst er sich von dir zu spre-
chen, nur deinen Schatten zu geben? Sybille winkt, o Freude und o Trauer, Sybille
winkt, wie winkt sie denn – Ja, das zu gestalten wäre Titanentat und Geniewerk,
der Rausch der Schöpfung und der Rausch des Wahns. Wie winkt Sybille von den
Fingerspitzen (Buch der Finger) bis zum Herzen? Der Arm, nein erst die Hand und
dann der Arm, also die Hand, der Arm, der Hals (Blaue Adern), der Leib, der Kopf
darüber und die Glieder in Verbundenheit, dazu das Blut, der Nerv, der Trieb, der
winken lässt (o Bücher, Bücher, Bücher von den Teilen) und plötzlich, endlich: die
Gestalt! Du! Marmorne Form und voll Leben! Statue, die d u b i s t, die man fas-
sen kann wie den gehauenen Stein der Meister (Michelangelos Stein, Rodins Stein,
Lehmbrucks Stein), und die dann doch sich löst und schmiegsam ist, ein Kälbchen,
ein junges Pferd, leichter Rotz unter der Nase und ein trockenes Fell, das dich zu-
sammenhält. Liebe Sybille.« (Mappe *Sybille*)

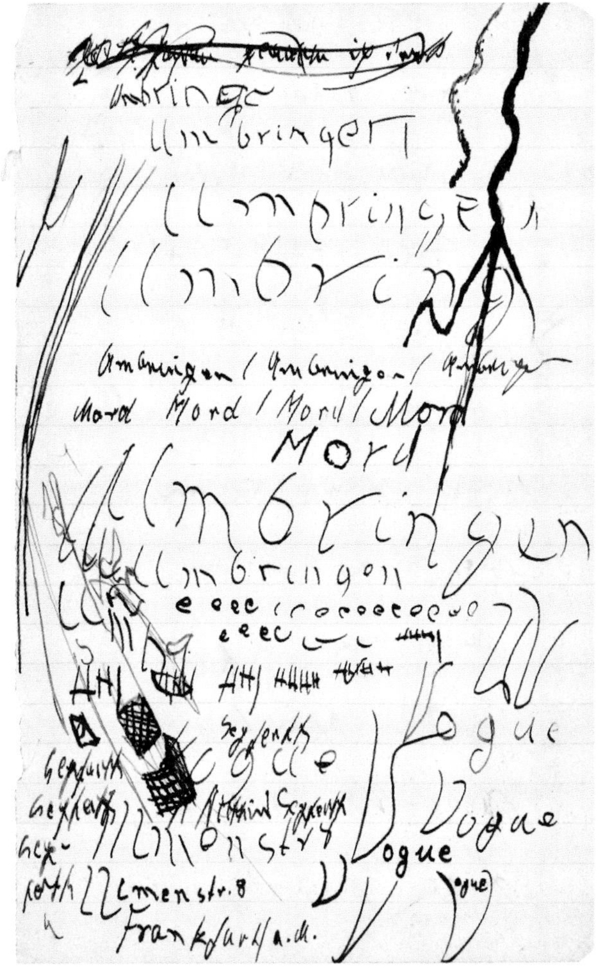

Einer der zahlreichen Zettel aus dem Jahr 1929, als Koeppen sich mit Selbstmordabsichten trug

und gefällt. Koeppen reist am 30. Januar 1933 zurück nach Berlin, ist bei der Premiere seines Liedes gar nicht dabei. Hoffnungen, von Sybille nun endlich erhört zu werden, sind offensichtlich wieder einmal bitter enttäuscht worden. »Als ich von dir gegangen war und vor dem Staatstheater auf die Straßenbahn zum Bahnhof wartete, war die Gelegenheit (das schreibe ich, um jedes Pathos zu meiden, aber ich meine das Schicksal) versäumt. Ich stand ausgeleert, ausgewühlt, ausgelitten, eigentlich fühllos in einem dumpfen Schmerz da und versteint. Ich hatte der Meduse ins Antlitz gesehen. Es gab keine Hoffnung mehr.« (*Liebe Sybille!*, *Phantasieroß*, S. 163) So steht es in einem von mehreren Typoskriptanläufen, Briefentwürfen an die »Liebe Sybille«, die er nach dieser Enttäuschung notiert, schon damit beschäftigt, die Leidensgeschichte zu literarisieren: »Nun, ich bin verzweifelt. Mein Zimmer ist ein Sarg. Berlin ist ein Sarg. Ich bin ganz allein. Ich friere. […] Hoffnungslos? Ja. Ich beginne morgen ein Buch zu schreiben, den Roman ›Das Haupt der Medusa‹. Ich fühle mich da verpflichtet.« (*Phantasieroß*, S. 166f.)

Träumerei

Einst waren meine Träume – Schäume
Ich träumte sie da vor mich hin
Die Träume hatten keinen Sinn
Bis ich Professor Freud gelesen
Da ist dies Träumen ausgewesen
Mir ward auf einmal sonnenklar
Daß was ich träume tief und wahr
Es wuchs nur aus der Freud'schen Deutung
Der Träume unterweltliche Bedeutung!

Refr. O was habe ich für Komplexe
O was bin ich für ne Hexe
Oedipus, der wühlt in mir
Libido und Totemtier –
Und ich träum in einemfort
Kindermord Kindermord Kindermord

Wie unbewußt bin ich gewesen,
Jetzt muß ich alles in mir lesen

Sybille Schloß, Szenenfoto

»Kapriziös die geschmeidige, wandlungsfähige Sybille Schloß, entzückend als kleine Psychoanalytin, als Komplex-Vamp.« (Besprechung der Pfeffermühle *-Aufführung in:* Münchener Neueste Nachrichten, *3. Februar 1933)*

Bei den weiteren Programmen der *Pfeffermühle*, alle im Exil aufgeführt, steht der Song *Komplexe* nicht mehr auf dem Programm. Es bleibt bei diesem einen Koeppen-Beitrag. Im August bittet ihn Erika Mann von Zürich aus, einen Brief weiterzuleiten, und fragt so ganz nebenbei: »Haben Sie kein neues Lie[d]chen, für Sybille?« (WKA, 17. August 1933) Der Entwurf seiner Antwort (abgeschickt?) ist ein amüsantes Beispiel einer angestrengten Adaption von Erika Manns berühmt frecher, verstiegen anspielungsreicher Sprechweise.

Im Frühjahr 1934 macht sich Sybille Schloß (nicht nur in *Eine unglückliche Liebe*), das Züricher *Pfeffermühle*-Gastspiel ist beendet, auf den Weg nach Italien, wo Koeppen sich bereits aufhält, zum Glück gereicht es keinem von beiden. Oder doch: Koeppen kommt zu einem Romanstoff. *Eine un-*

115

glückliche Liebe lehnt sich eng an die Ereignisse, mehr noch an die Personen an, nur daß aus Sybille eine Sibylle wird und daß der sekundenkurze Abschiedskuß, auf den der Roman zusteuert, allein in der Fiktion bewilligt wurde.

Sybille Schloß besucht Koeppen 1936 in Den Haag und verliebt sich in den Sohn seiner Gastfamilie, in den Anwalt Thomas Michaelis, der seit Berliner Tagen mit Koeppen befreundet ist und für homosexuell gilt. Sie verlassen Europa im Herbst 1936 Richtung USA, denn Sybille ist für das Peppermill-Unternehmen in New York engagiert, und heiraten, aber das hält nur kurze Zeit.

Wolfgang Koeppen und Sybille Schloß schreiben sich gelegentlich nach dem Krieg, sehen sich – ein wenig verlegen – noch einmal in New York; sie ist beglückt nach der Lektüre von *Jugend*, noch 1992 bekommt sie einen Geburtstagsgruß: eine unglückliche Liebe, die ihn, den Schriftsteller, nährte, sein Leben lang.

Wolfgang Koeppen ist 38 Jahre alt, ein nicht unbekannter Schriftsteller und ein gut verdienender Filmautor, als er 1943/44 die 16jährige Marion Ulrich in München (oder in Feldafing) kennenlernt. Alle Umstände unterscheiden sich von denen 16 Jahre zuvor, und doch wiederholt sich das Muster der Liebesqual, ein Muster, das Koeppen nachgerade anzieht, dem er auch in der Literatur besondere Aufmerksamkeit schenkt, in Prousts Roman zum Beispiel, der Liebe Saint-Loups zu Rahel, »die mit jedem, nur nicht mit ihm schläft« (*Marcel Proust und die Summe der Sensibilität, GW 6*, S. 179). In seinem Nachlaß liegt ein umfangreiches Konvolut *Marion*: Briefe, Notate, Klärungsversuche, Entwürfe zu literarischen Transpositionen; sie stammen aus der ersten Zeit der Liebesbeziehung in den vierziger Jahren und aus der Zeit von Marion Koeppens Tod 1984.

Auf zweieinhalb Seiten protokolliert Koeppen die Krankengeschichte seiner Frau und die Krankengeschichte ihrer Ehe (letztere schildert er anderswo durchaus positiv). Er beginnt mit der Anamnese:

»Marion Koeppen

geb. 1930 [macht er sie absichtlich noch jünger oder vertut er sich? Marion ist am 24. Januar 1927 in München geboren]

Familie lebte, obwohl Vater Anwalt, vom Reichtum der Großmutter, den man für unerschöpflich hielt. Offenes Haus in Schwabing. Künstler. Geselligkeit bis in die Nacht. Mutter als Trinkerin bekannt. In nervenärztlicher Behandlung. Litt unter ›Absencen‹. Wurde mit Luminal behandelt. Starb, etwa 50jährig, kurz nach dem Krieg.

[...]

Marion wurde schon als Kind von der Mutter zum Trinken verführt. Flaschen im Kinderzimmer versteckt. Von da an: Marion hält Flucht in den Alkohol bei jeder Schwierigkeit für den natürlichen Ausweg. Kann, betrunken, nicht aufhören.« (WKA, Mappe *Marion*)

Koeppen ist verrückt nach diesem Mädchen, sie entzieht sich ihm und macht ihn nur um so rasender. Davon jedenfalls sprechen aufgeregt, zornig, schmeichelnd lange Seiten dieser Typoskripte, von Kämpfen, Hoffnungen, die sie ihm macht, von den Nebenbuhlern, die sie erhört, von dem Geld, das er für sie ausgeben möchte: »Ich habe soviel Begabung zu

Schlußgruß Koeppens aus
einem undatierten Brief an seine
Frau Marion

Marion Ulrich

einem guten Liebhaber. Es macht mir Spaß, wenn eine Frau Geld kostet.«
Um dann klagen zu müssen über die Nächte im Münchner Hotel Regina,
die in Verbitterung enden: »ich mache mich geradezu lächerlich mit Appartements, die der Bavariachef nicht mieten würde – und warum, zu welchem Endeffekt?, um entweder eine Nacht entsetzlicher Auseinandersetzungen zu erleben oder allein und vor Schmerz dem Weinen nahe darin aufundabzugehen.« (WKA, Mappe *Marion*)

Tante Olga schildert er am 6. Januar 1944, schon durchaus ambitioniert literarisch – und prophetisch – die Frau, die ihn in Feldafing gefangenhält: »Marion steht vor dem geschlossenen Fenster der großen Terrasse. Ihre blauen Kinderaugen sind dem trügerischen Schein der Unendlichkeit anheimgegeben. Der grellgefärbte Mund in dem blassen Gesicht gibt das Bild, dass Flammen Schnee aufsaugen. Die blutig lackierten Nägel ihrer eigentlich unsympathischen, zornigen, zanksüchtigen, mit Brillanten und Perlen geschmückten Hände klopfen leicht gegen das Glas des Fensters, und das Vibrieren der hellen Scheibe teilt mir sich mit, der ich hinter ihr stehe und seit langer Zeit wieder mein Herz schlagen höre. […] Marion ist ein Kind, eine Hure, eine Göttin. Wenn ich sie einen Engel nenne, muss ich ihr das Attribut des Bitteren geben: Engel der Verdamnis (!) Engel der Hölle, Engel des Todes.« (WKA, an Olga Köppen)

Koeppen weiß vom ersten Augenblick an, wem er sich fürs Leben verbindet. Bei einem Besuch der Reinfelder Verwandten macht er sich Sorgen um Marions Extravaganzen und weiß: »du bist nicht die Braut für diese Zeit, aber du bist die rechte.« (WKA, an Marion, 5. Oktober 1946) Am 2. Oktober 1947 gibt Wolfgang Ulrich in München die Einwilligung zur Eheschließung seiner unmündigen Tochter Marion mit Herrn Wolfgang Koeppen. Die Heirat fand am 24. November statt.

Marion Koeppen

Das Paar wohnt in Marions Elternhaus in der Ungerer Straße in München. Marion hatte wohl eine Ballettausbildung abgebrochen, sie versucht sich im Dichten und wird in der *Neuen Zeitung* gedruckt, zum Beispiel am 23. Juli 1951 mit dem Gedicht *Die Netze leer.* »Dann sagte sie, das geht an deiner Seite nicht.« (Treichel, S. 195) In ihrem Nachlaß liegen mehrere Bewerbungen auf Stellenangebote, eine Anstellung kam, aus welchen Gründen auch immer, wohl nie zustande.

Auf den frühen Reisen, nach Italien, nach Griechenland, noch auf der ersten Auftragsreise nach Spanien hat Marion ihren Mann begleitet. Später hat er ihr von allen Stationen außerhalb Münchens lange und regelmäßig berichtet, nie entspannt, immer mit schlechtem Gewissen, sie allein zu lassen, immer in Sorge, wie es ihr geht, ob sie die Abmachungen einhält, er hat der Tablettensüchtigen die Tagesration zugeteilt, gemahnt, gehofft, gebangt, daß es keine bösen Szenen gibt. Er mietet selbst in München Appartements, um schreiben zu können, folgt Einladungen zu Arbeitsaufenthalten in Stuttgart, in Berlin: »die vorstellung, am Donnerstag bei dir sitzen

Wolfgang und Marion Koeppen

»Verheiratet? Was wollen Sie hören? Ich führe eine glückliche Ehe. Ich leide im Glück. Meine Frau ist geträumt. Meine Frau ist eine schöne bayerische Hexe. Ich liebe und begehre sie. Das raubt mir den Atem. Wir zersägen Tisch und Bett. Wir kochen wechselseitig raffinierte Gerichte. Wir bauen aus dem Bett eine Burg. In der lebt dann ein Eremit und eine Gefangene. Innigst verbunden. Lauter Wahrheiten. Ihnen gesagt.« (Koeppens Antwortentwurf auf die Anfrage eines Doktoranden)

zu müssen, war grauenvoll. Dennoch. Ich atme in der luft nicht auf. Ich werde dich immer lieben. aber ist das glück? Der mister hyde ist leider ein erbärmlicher bursch. Sonnabend. Ich werde jetzt zum kurfürstendamm gehen. Nur so. in ein warenhaus. In das café. Ich müßte dir tabletten beilegen. Aber auch das wäre ja falsch, verschlimmerte ja alles nur. Hart sein! Ich bin es nicht. das ist dein unglück. Also 2 tabletten für <u>2 tage</u>. Solltest du den wunsch haben, mich zu erfreuen, bereite dich vor, nüchtern zu werden, mich freundlich und ohne flaschen im bett, unterm bett, unterm sofa, im schrank, wo sonst, zu empfangen. Auch in münchen gibt es hotels. Aber es wäre ärgerlich. Es umarmt dich Kopernikus [Koeppens Kosename].«

Einige der zahlreichen Foto-
sequenzen, die Koeppen von
seiner Frau Marion aufgenommen hat

(WKA, an Marion, 15. Februar 1975) Es gibt kaum einen Brief dieses Kopernikus, der Marion – noch in Zorn und Verzweiflung – nicht die unver-
brüchliche Liebe beteuerte. In einem Gespräch mit Hanne Kulessa 1987
mit dem schönen Titel *Warum sind Sie so unglücklich, Herr Koeppen?* gibt der
Schriftsteller von seiner Ehe das Bild, das er der Öffentlichkeit zeigen
möchte: »Meine Arbeit und meine Liebe waren zwei. Ich schloß meine
Frau von meiner Arbeit aus. Sie war Geliebte, Jugend, Lebensfreude,
Schönheit. Ob ihr, was ich schrieb, gefiel oder nicht gefiel, ob sie das las
oder nicht las, war für mein Schreiben überhaupt nicht entscheidend. Ich
liebte sie. Das war mir genug. Wir liebten uns, obwohl wir, nach den von
mir nie anerkannten normalen Maßstäben, etwa denen des Alters, ein ex-
tremes Paar waren. [...]
Wie lebt so ein extremes Paar zusammen?
Gut. Wir liebten uns. Gewalt, Schmerz, Verstörung brachten die Jahre. Ar-
beitsräume außerhalb der Wohnung. Die Krankheit am Roman.« (Treichel,
S. 195)
Die andere Seite zeigt sich in verzweifelten Briefen an den Verleger, in
Konsultationen von Psychiatern, in Protokollen von Marions dramatischen
An- und Ausfällen, die Koeppen gegenüber Hausbewohnern, Freunden,
dem Verleger in Verlegenheit brachten. An diesen schreibt er zum Beispiel
am 24. April 1972: »es ist schrecklich, diesen Brief zu schreiben. Ich bin verzweifelt. Es ist ohne Hoffnung. Marions Düsternisse, Depressionen, Exi-
stenzängste, deliriere Vorstellungen, Zwangsideen sind in letzter Zeit
schlimmer, erbarmungswürdiger und unerträglich geworden. Schnaps,
Wein und Tabletten eingeschmuggelt und versteckt, nachts genossen, tagelang kein Schlaf, Aggression gegen mich und alle Welt, Tobsucht, Schreie,
Tätlichkeiten, Skandal im Haus, Kündigungsdrohung. Sie ist nicht an-
sprechbar. Ich kann nicht mehr. [...] Der Arzt: Sanatorium, aber sie muss
freiwillig gehen! Sie geht nicht. Gespräch darüber führt zu neuen Exzessen.
Zwangseinweisung setzt Entmündigung voraus, ein langwieriges, von mir
nicht durchzustehendes Verfahren. Flucht? Die Ärzte sagen, Sie können
das nicht, Sie dürfen es nicht, sie ist krank, sie ist hilflos, gefährdet, es kann
der Tod sein. Ich weiss es. Es ist der Tod.« (KU Nr. 211)

Das erste Blatt der Mappe *Marion* faßt das ganze Dilemma in eine sechszeilige Notiz:

»Völlig falscher Blickpunkt: man müßte in erster Linie dich in Verwahrung bringen, um mich von dir zu befreien, um die fortdauernde Zerstörung zu unterbinden, die du mir antust, erst in zweiter Linie, um dich zu heilen. Ich kann Leben und Arbeit an deiner Seite nicht mehr bestehen. Soll ich es widerstandslos hinnehmen, daß du mich vernichtest? Ich kann dich nicht verlassen, weil ich keine Hilflose verlassen darf. Also muß ich dich in Obhut geben.« (WKA, Mappe *Marion*)

Koeppen ist bei ihr geblieben, trotz allem, bis zu ihrem Tod 1984.

»am 2. totentag, am 16.4. als ich sie das zweitemal sah: in gegenwart des brummigen fraters: die augen wieder geöffnet, ganz klar, blau, wie damals auf der terrasse von feldafing, ja sie sah mich an, nicht vorwurfsvoll, doch auch nicht vergebend, vielleicht noch einmal prüfend. Ich hätte nicht kommen sollen, an kinn und hals schon bläulich die einsetzende verwesung, schon am 2. tag! Der frater drängte.« (WKA, Mappe *Marion*)

VI. »Ich reise wie eine Romanfigur.«
Die Reiseessays

»Mir begegnete er in Hamburg in der bürgerlichen Gestalt des unverhofften Glücks. Er sprach mich in einer dunklen Straße hinter der Oper an und fragte mich, ob ich Lust hätte zu verreisen. Ich war erstaunt, daß Andersch mich überhaupt kannte, daß er mich erkannte, daß er die Romane, die inzwischen von mir erschienen waren, gelesen hatte. Als Leiter des Radio-Essays in Stuttgart war er ein Gott, der mir die Welt anbot. Der Erdball lag in Anderschs Hand. Ich brauchte ihn nur zu ergreifen.« (*Mein Freund Alfred Andersch, GW 6*, S. 393)

Nach den drei schnell aufeinander folgenden Romanen hat Koeppen offensichtlich die ihm durch Alfred Andersch, den Leiter des Radio-Essays des Süddeutschen Rundfunks, eröffnete Möglichkeit, zu reisen, genossen, kann er doch jetzt seine schon auf die Kindheitstage zurückgehende Reiselust ausleben, ein angemessenes Honorar erwarten und mit dem Wechsel von Roman zu Reisebuch sein Schreiben variieren. »Ich hatte mich mit den *Tauben* wieder frei geschrieben, und es ging dann weiter. Nach diesen drei Romanen trat vielleicht ein gewisser Überdruß an der Romanform ein, und ich nahm gern die Gelegenheit, die mir der Rundfunk bot, wahr, auf Reisen zu gehen. Daraus entstanden dann die Reisebücher.« (Treichel, S. 38) Im Bewußtsein, als Schriftsteller »eine gewisse Ordnung und eine gewisse Disziplin« zu brauchen (Treichel, S. 15), bietet ihm nicht zuletzt die jedesmal von Andersch vorgeschriebene Reiseroute Orientierung beim Schreiben an einem feststehenden Konzept.

Als erstes Reiseziel ist Spanien, zu dieser Zeit unter dem diktatorischen Regime Francos, vorgesehen: »Es traf sich gut, ich hatte Lust, nach Spanien zu reisen, mir hatte nur das Reisegeld gefehlt. Ich habe dann meinen ersten Radio-Essay über Spanien geschrieben. Nicht nur das Reisen, das Kennenlernen anderer Länder, auch das Schreiben über die Reise, der Versuch, eine neue Form des Berichts zu finden, das Experiment machten mir

Reisen

1955, September: Spanien

1956, Dezember: Rom

1957, Juni: Rußland

1957, September: Den Haag und London

1958, April bis Juni: USA

1959, Mai bis Juli: Frankreich

1960, April bis Juni: Frankreich

1961, August bis September: Griechenland

Radiosendungen im Süddeutschen Rundfunk

13.4.1956: *Ein Fetzen von der Stierhaut. Eindrücke aus Spanien*

28.5.1957: *Neuer römischer Cicerone*

12.11.1957: *Herr Polevoi und sein Gast*

24.7.1958: *Im Spiegel der Grachten. Holländische Impressionen (SFB)*

5.9.1958: *London oder im Zauberwald der roten Omnibusse*

29.12.1958: *Die Früchte Europas: Amerika westwärts*

30.12.1958: *Die Früchte Europas: Amerika ostwärts*

20.10.1959: *Reise in die französische Provinz: I. Das süße Frankreich*

27.10.1959: *Reise in die französische Provinz: II. Das beunruhigte Frankreich*

29.11.1960: *Nordfranzösische Reisebilder*

16.5.1961: *Bonjour Paris*

13.2.1962: *Die Erben von Salamis*

Reisebücher

Nach Rußland und anderswohin. Empfindsame Reisen. 1958

Amerikafahrt. 1959

Reisen nach Frankreich. 1961

Spaß.« (Treichel, S. 108) Anderschs Brief vom 13. Juni 1955 (Durchschlag Südwestrundfunk, Archiv) dokumentiert die Modalitäten. »Und nach dem Erfolg der ersten Sendung drängte mich mein damaliger Verleger Henry Goverts, Reisebücher zu schreiben. Das verführte mich, weil ich Rußland sehen, nach Amerika fahren, durch Frankreich mit dem Auto wandern wollte. Das befriedigte mich sehr.« (Treichel, S. 108)
Sämtliche Radio-Sendungen der Reisen werden als Bücher herausgegeben. Deshalb informiert eine Übersicht der Reisen, Radiosendungen und Reise-

124

1. Sprecher: Italien, so sagt man, ist ein Stiefel; aber die spanische
Landkarte gleicht einer ausgebreiteten Stierhaut.

2. Sprecher: Im Stier sieht der Spanier die Gaben, die er vor allem
bewundert: Kraft, Schönheit, Mut und alle Symbole der
Männlichkeit. Der Spanier fühlt sich als Stier.

3. Sprecher: Aber der Stier hat keine Chance. Er betritt den goldenen
Sand der Arena. Soviel Erwartung, soviel Bewunderung, soviel
Möglichkeit betäubt ihn. Seine Hufe scharren, er schnaubt
durch die Nüstern, seine Flanken beben, die Muskeln des
Nackens spannen sich, das gefährliche Haupt ist zum Angriff
gesenkt, und wie blind rennt er gegen die Windmühlenflügel
der roten Tücher und sieht nicht den Tod, der haarscharf
daneben steht.

1. Sprecher: Hier ruht die eine Hälfte Spaniens; sie starb durch die
andere Hälfte.

3. Sprecher: Das ist ein Grabspruch. Der Grabspruch eines spanischen
Satirikers.

1. Sprecher: Mariano José Larra wurde nur *achtundzwanzig* Jahre alt. Er erschoß sich im
Lande der vielen Denkmäler des Cervantes, des Don Quijote und
des Sancho Pansa.

3. Sprecher: Spanien ist ein uraltes Land.

2. Sprecher: Spanien ist ein sehr junges Land.

3. Sprecher: Hier ist alles Vergangenheit *und*

2. Sprecher: Hier hat alles Zukunft.

(Anschluss)

bücher über seine literarische Haupttätigkeit von Mitte der fünfziger bis zum Beginn der sechziger Jahre. Die von Koeppen redigierte Typoskriptseite des Essays *Ein Fetzen von der Stierhaut* zeigt, wie der zunächst auf drei Sprecher aufgeteilte Radiotext fast ohne weitere Eingriffe zu einem fortlaufenden Prosatext umgeformt wird. Der mündliche Charakter bleibt in den schriftlichen Versionen der Reisetexte spürbar und verleiht ihnen Lebendigkeit. Zwischen Bericht, Beschreibung, Erzählung und Stimmungsschilderung schwebend, wirken Koeppens Essays vertraut und befremdlich zugleich, die Informationen werden doppelbödig, das Geschilderte löst sich ebenso auf wie die Identität des Beobachters. Die Gegenwart wird um Dimensionen der Erinnerung und der Imagination, der Literatur, der Geschichte und des Mythos erweitert, der konkrete Raum um imaginäre Sphären. Faktizität geht in Fiktionalität über. Empirische Wirklichkeit und Literatur der bereisten Örtlichkeiten, aus der Koeppen zitiert, verschmelzen. Berichtet er über das, was er gesehen hat, oder ist es eher die von ihm angeführte Literatur, die bei den Hörern und Lesern die Vorstellungen von den fremden Ländern erzeugt?

Als erstes Buch erscheinen 1958 bei Goverts Koeppens Essays über seine Reisen nach Spanien, in die Niederlande, in die Sowjetunion, nach London und Rom unter dem Titel *Nach Rußland und anderswohin. Empfindsame Reisen.* Der Untertitel betont unübersehbar den literarischen Charakter der Reiseessays, er spielt auf eine Bezeichnung an, die im 18. Jahrhundert von einem anderen Roman- und Reisebuchautor, von Laurence Sterne, mit seinem Buch *A Sentimental Journey through France and Italy. By Mr. Yorick* von 1768 geprägt wurde und durch Moriz August Thümmels *Reise in die mittäglichen Provinzen von Frankreich im Jahr 1785-1786* nach Deutschland überging und dort von mehreren anderen Autoren nachgeahmt wurde. Während die Reisebuchautoren des 18. Jahrhunderts jedoch mehr Gewicht auf die Regungen legen, die die äußeren Eindrücke in ihrer Seele hervorrufen, steht bei Koeppen die gegenständliche Welt im Zentrum, gespiegelt allerdings in subjektiver Perspektive und vermittelt durch die von seinen Romanen her vertrauten Stilmittel der Ironie und Satire, der Groteske und Phantasie. Koeppen bekennt: »Ich reise etwa wie eine Romanfigur [...]. Und statt einer Romanfigur bin dann ich es, der das erlebt und reflektiert, über den berichtet wird.« (Treichel, S. 37f.) »Für diese Romanfigur waren sowohl Rußland, Amerika und andere Länder ein neues Kapitel. Es war entscheidend, wie es auf mich wirkte. Es waren doch keine Reiseführer, keine wissenschaftlichen Untersuchungen über diese Länder, die ich schrieb, sondern es war mein Eindruck, die Wirkung des Landes auf mich.« (Sauter, S. 552)

Nach Rußland und anderswo-
hin. Empfindsame Reisen,
Stuttgart: Goverts-Verlag 1958

Ungeübten Lesern mußte die von Koeppens Romanen ebenfalls bekannte Verbindung von Zeitkritik und »eigener poetischer Wahrheit« Irritation und Ärgernis bleiben. Der Protest des spanischen Generalkonsuls beim Süddeutschen Rundfunk wegen der von ihm als zu negativ empfundenen Spanien-Sendung, die Koeppen sogar ein Einreiseverbot einbrachte, ist dafür wohl das krasseste Beispiel, auch wenn er sich gewiß aus der Empfindlichkeit der Franco-Diktatur speist: »Es ist nicht möglich, mehr Dummheiten und Unsinn über Spanien zu sagen, noch mehr übelwollende Absicht in seiner ausführlichen Beschreibung anzuwenden. Herr Koeppen, Schriftsteller niedrigster Kategorie, unwissend und mittelmäßig, hat alle gewöhnlichen Ausdrücke der spanienfeindlichen, schwarzen Legende und alle Vorurteile, die seine Phantasie gegen unser Land vor Betreten des spanischen Bodens aufgespeichert hat, herausgeschleudert.« (Federíco Oliván an Dr. Fritz Eberhard, 25. Juni 1956, Südwestfunk, Archiv) Die Antwort des Intendanten des Süddeutschen Rundfunks, Dr. Fritz Eberhard, trägt den Charakter einer dem Text gerecht werdenden Leseanweisung: »Bedauerlicherweise haben Sie […] offensichtlich noch nicht erkannt, dass es sich bei der Sendung um einen künstlerisch hochwertigen Reisebericht über Spanien handelt, den man nicht mit kleinlichen Hinweisen bekritteln sollte, er entspreche angeblich nicht in allen Teilen der Wirklichkeit. […] Vor allem aber ist Koeppens Bericht ein sprachliches Kunstwerk. […] Ein Kunstwerk können Sie nicht berichtigen.« (10. Juli 1956, Südwestfunk, Archiv)

Daß es Koeppen auch bei seinen Reiseessays in erster Linie um sprachliche und literarische Kunstwerke zu tun ist, weniger um objektive Darstellungen der Länder, formuliert er mehrfach: »Der unzeitgemäße Individualist« fragt sich, »ob er nicht klüger täte, zu Haus in seinem Bett zu bleiben und den Don Quijote zu lesen, statt wirklich nach Spanien zu reisen.« (*GW 4*, S. 14) Oder: »Ich ahnte bald, daß man nicht in Indien gewesen sein muß, um von Indien zu erzählen.« Und selbst wenn er dann in der Fremde ist, gilt ihm die Maxime. »Ich verlasse wohl eine Umwelt, eine ständige Adresse, aber ich entferne mich nicht von mir. Ich reise, ich bringe mich mit, ich bin mit mir beladen oder durch mich frei.« (*Ariel, GW 5*, S. 279) Ein diese These geradezu illustrierend-belegendes Foto zeigt Koeppen bei sich zu Hause in der Bibliothek mit dem Fernrohr auf eine Weltkarte schauend. »Ich hatte mir eine Karte des Stillen Ozeans besorgt und vor das Bücherregal in einem schmalen Gang meiner Wohnung genagelt. Dieses Wasser hat viele schöne Namen, Pacific Ocean, das Gelbe Meer, die Malayische See, die Bucht von Bengalen und dann die Arabische See und das Rote Meer. Ich stand morgens und abends vor der bunten Geographie und träumte ihre Träume. Hinter dem Papier ruhten die Bücher. Ich reiste mit Sindbad und Joseph Conrad.« (*Phantasieroß*, S. 761)
Koeppens Reiseessays setzen meist mit Gedankenbildern aus literarischem und kulturellem Vorwissen ein. Der Romanautor ist vom Reisebuchautor nicht zu trennen. Die Einladung von Boris Polevoi, dem Vorsitzenden des sowjetischen Schriftstellerverbandes, zu einer Reise in die Sowjetunion animiert ihn zu phantasievollen Träumereien: »Sogleich sah ich mich, in Pelze gehüllt, eine Pelzmütze auf dem Kopf, zusammen mit Polevoi in einem Schlitten sitzen. In einer Troika glitten wir durch die winterliche Weite. In der Luft klirrte der Frost. Die Leiber der Pferde dampften. Schellen läuteten an ihrem Geschirr. Märchenkirchen erhoben sich aus dem Schnee – gebrochene goldene Kreuze. Wölfe begleiteten unsere Fahrt, Reif im gesträubten Fell und hungrig die roten Zungen. Der heilige Marc Chagall schwebte über sturmschiefen Holzhäusern, die wir am Abend erreichten. Wir schliefen zur Nacht in schweren Betten, die auf breite warme Kachelöfen geschichtet waren. Wir löffelten roten Borschtsch, in dem weiß und fett die Sahne versank. Wir aßen Töpfe voll Kaviar leer und Pfannen mit gerösteter Grütze. Wir tranken süßen Tee und scharfen Wodka und lauschten schwermütigen Balalaika-Klängen. Ach, es war das Rußland der Postkarten, der bunten Wandbilder in den kleinen russischen Restaurants von Berlin und Paris, im Marmorhaus sah man den Panzerkreuzer Potemkin, im Capitol gab es ›Die letzten Tage von St. Petersburg‹, und Piscator spielte am Nollendorfplatz den ›Rasputin‹, Kino und Bühne begruben das Zaren-

Eine Seite aus Koeppens Kalendernotizen während der Rußlandreise Juni 1957

reich, und junge Menschheitsschwärmer saßen nach den revolutionären Erhebungen des Abends begeistert in den Gaststätten der verbitterten Emigranten, und eine traurige junge Schöne, die vielleicht eine vertriebene Prinzessin Romanoff war, servierte mißmutig das Gedeck zu Einsfünfzig. Die Prinzessin verschwand später im Wehrministerium am trüben Landwehrkanal in der Abteilung ›Östliche Heere‹. Die jungen Menschheitsschwärmer kämpften in Rußland für eine Sache, für die sie nicht hatten

129

kämpfen wollen. Die Prinzessin ist tot, die Menschheitsschwärmer sind tot. Polevoi und ich beschworen die Toten Seelen, den nicht enden wollenden Roman von Schuld und Sühne, und am Morgen sahen wir unter einer roten Sonne einen Zug von Gefangenen über das Eis gen Osten gehen, und ich fragte Polevoi, immer noch?, und Polevoi erwiderte traurig, immer noch. Aber dann hob er seine Hand und deutete auf Scharen junger Leute, auf Rußlands neue Jugend, die freiwillig nach Sibirien zog ›im Sturmschritt vorwärts‹, und aus unwirtlicher Erde wurden Äcker, gedieh Brot, sprang Elektrizität, wuchs ein anderes Chicago.« (*Herr Polevoi und sein Gast, GW 4,* S. 102f.)

Aus dem Rußland, wie es in der Literatur des 19. Jahrhunderts imaginiert wird, und den Bildern von Chagall geht der Text in einem einzigen Satz über zur Situation der russischen Emigranten in Berlin nach der Revolution von 1917 und endet mit Polevois offiziell verordneten optimistischen Hinweisen auf die vermeintlichen Errungenschaften der sowjetischen Politik, die jedoch von Koeppen am Ende mit der Wendung »ein anderes Chicago« in aller Kürze wieder in Frage gestellt werden, wenn Sowjetunion und USA, Kommunismus und Kapitalismus auf gleiche Ebene geraten.

Koeppens Text bewegt sich von der Phantasie und Geschichte zur Realität der Gegenwart; der umgekehrte Weg, auf dem die gegenwärtig erfahrene Realität durch Phantasie und Geschichte erweitert wird, läßt sich an Passagen feststellen, deren Genese wir verfolgen können. Ein Beispiel unter vielen bieten die Aufzeichnungen über den kleinen Ort Uglitsch an der Wolga. Koeppen überträgt seine kurzen Kalendernotizen nach dem Besuch der Stadt (erster Schritt) fast wörtlich in ein Schreibmaschinentyposkript (zweiter Schritt), das er unter Verwendung historischer Bemerkungen (dritter Schritt) – über weitere Zwischenstufen – zum Typoskript (vierter Schritt) mit Einschluß fiktiver Elemente umgestaltet und das dann in solcher Verbindung verschiedenartiger Ingredienzien mit den notwendigen Korrekturen die Satzvorlage des Buches bildet. Die Kombination beider Verfahren erzeugt die Dynamik von Koeppens Schreibverfahren.

Die beiden angeführten Beispiele – aus jeweils unterschiedlicher Entstehungsperspektive – veranschaulichen den ebenso lebendigen wie hintergründigen Duktus der Reisetexte und verleihen der Bezeichnung »anderswohin« eine ambivalente Bedeutung. Vielleicht ist es ein Schlüsselwort. In einer ersten, allgemein verständlichen Lesart meint »anderswohin« im Titel *Nach Rußland und anderswohin* die bereisten Länder und Städte, also Spanien, die Niederlande, Rußland, London, Rom sowie – nimmt man die übrigen Bände hinzu – Amerika und Frankreich. Doch selbst bei flüchtiger Lektüre wird evident, daß Koeppens Reisetexte nicht ausschließlich und vorrangig geographisch genau festgelegten Örtlichkeiten gelten, sondern durchwoben sind von subjektiv andeutenden, mehr oder weniger verhüllten, manchmal fast mystisch anmutenden Reflexionen. Demnach zielt »anderswohin« in einer zweiten, also für Eingeweihte verständlichen intensiven Lektüre zugleich auf eine Aura des auf den ersten Blick Unverständlichen, Geheimnisvollen und Magischen. Koeppen selbst spricht sich in der Diskussion mit den sowjetischen Schriftstellerkollegen, als sie ihre Methode des »sozialistischen Realismus« verteidigen, für einen »magischen Realismus« aus (*Herr Polevoi und sein Gast, GW 4*, S. 138). In diesem Sinne führen die Wege in den Reisetexten nicht nur in die genannten Regionen, sondern zugleich in die Geschichte und Zeitgeschichte, in die Mythologie, in märchenhafte Bezirke, in die Welt der Literatur und nicht zuletzt in Koeppens eigene Romane, in seine Biographie und damit oft wieder nach Deutschland zurück. Koeppen nimmt seine Leser schon »anderswohin« mit, wenn er die Grenzen der literarischen Gattungen überschreitet und in realen Menschen Romangestalten sieht: »Welch ein Bild! Welch Treiben! Welche Größe, welche Verirrung, welch ein Roman!« (*Amerikafahrt, GW 4*, S. 319) Die Gattungen überschneiden sich: Man erkennt romanhafte Passagen in Koeppens Reisebüchern und zugleich auch »Urszenen« seiner Reiseessays in den Romanen (Haas, S. 133).

Sein *Neuer römischer Cicerone* etwa ist nicht nur mit dem Roman *Der Tod in Rom* verflochten, vielmehr in seinem enigmatischen Beginn auch mit dem von Koeppen erlebten Berlin der Vorkriegszeit. Oder genauer: Das Bild Roms entfaltet sich in der Erinnerung an Berlin: »Ich sah die Engel über dem Tiber schweben, die Brücke war wie von ihrer Flügel Kraft gehoben, der Erzengel mit dem Schwert stand triumphgekrönt auf den bleichen Steinen der Hadriansburg. Wie reines Gold strömte der Fluß. Der Kahn glitt sacht aus dem Tag. Ein Netz umfing die silbernen Fische. Schnee fiel in die Nettelbeckstraße in Berlin. Es gibt sie nicht mehr. Ein Teppich aus schütterem Gras deckt die Gräber. Ein Felspfad führt drüberhin. Ich sah das Gemälde im Fenster eines alten Antiquars; er ahnte sein Unglück nicht. Rom mochte ewig, Berlin aber schien von Dauer und Bestand zu sein.« (*GW 4*, S. 234) »Der Kahn glitt sacht aus dem Tag« – die Wirklichkeit verschwimmt und transzendiert in eine imaginäre Ebene, das Reale erhält magischen Charakter – hier sogar in doppelter Potenz, denn die vermeintlich beschriebene Wirklichkeit entstammt einem Gemälde und dessen Aufbewahrungsort bindet trotz aller zeitlicher und kultureller Grenzen zwei gegensätzliche Orte, Berlin und Rom, so aneinander, daß die Perspektive des Überrealen mit derjenigen des Realen konvergiert und die Reflexion über beider Schicksale ineinander übergeht.

Franz Kafka
Der Landarzt
Carson McCullers
Das Herz ist ein
einsamer Jäger
Jack London
Abenteuer des
Schienenstrangs
Franz Kafka
Der Prozeß
Charles Sealsfi
Das Kajütenbu
San Francisco
Salt Lake City
Franz Kafka
Das Schloß
Robert Louis
Stevenson
Die Schatzinsel
Jack Kerouac
On the Road
Thomas Mann
Der Tod in Venedig
James Cooper
Der Lederstrumpf
James Cooper
Der letzte Mohikaner
Karl May
Winnetou
Los Angeles
Eugene O'Neill
Eines langen Tages
Reise in die Nacht
Tennessee
Endstatio
Tennessee Williams
Garden District
Harriet
Onke
Walt Whitman
Grashalme

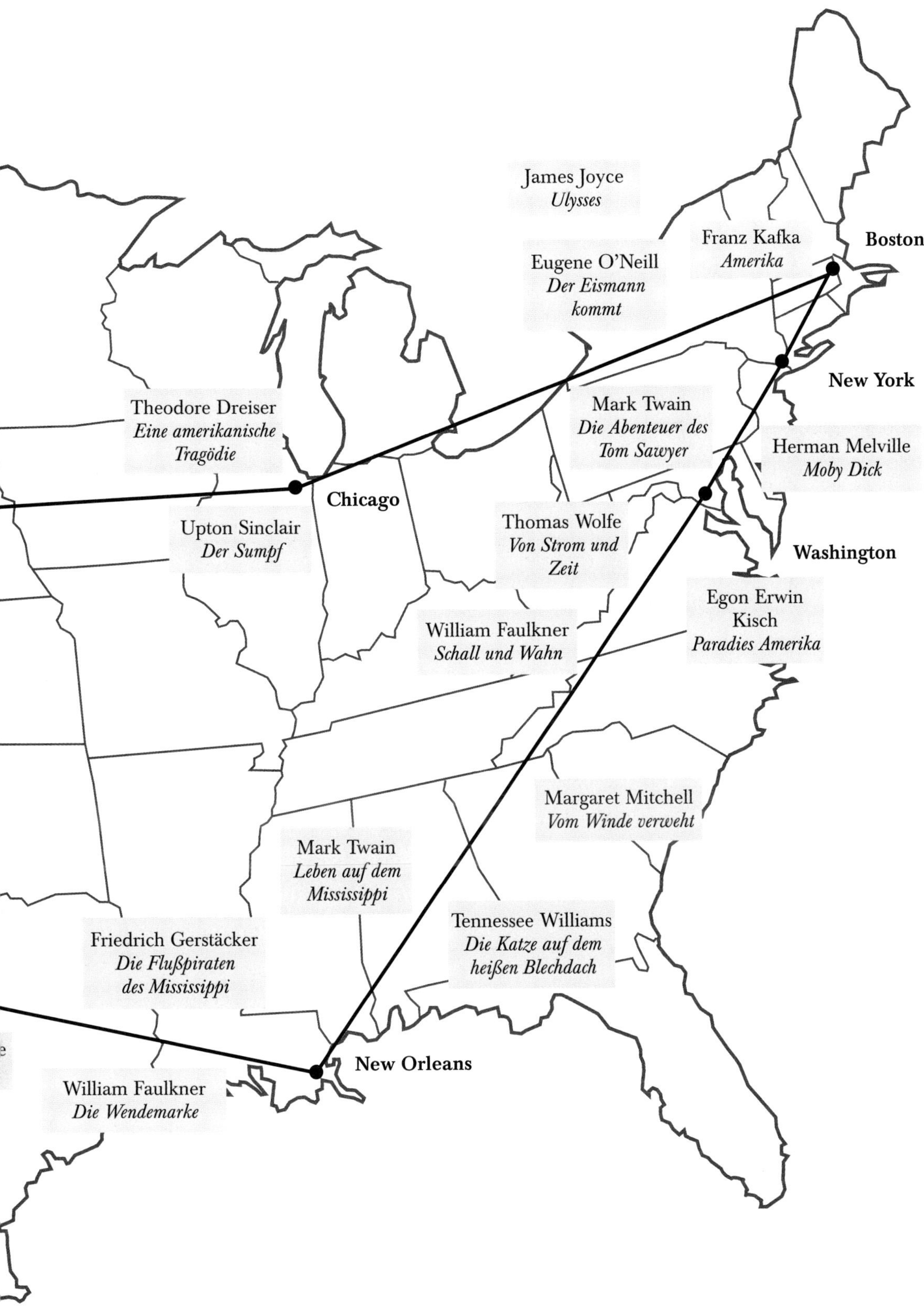

James Joyce
Ulysses
Franz Kafka
Amerika
Eugene O'Neill
Der Eismann
kommt
Boston
Theodore Dreiser
Eine amerikanische
Tragödie
Mark Twain
Die Abenteuer des
Tom Sawyer
New York
Herman Melville
Moby Dick
Chicago
Upton Sinclair
Der Sumpf
Thomas Wolfe
Von Strom und
Zeit
Washington
Egon Erwin
Kisch
Paradies Amerika
William Faulkner
Schall und Wahn
Margaret Mitchell
Vom Winde verweht
Mark Twain
Leben auf dem
Mississippi
Friedrich Gerstäcker
Die Flußpiraten
des Mississippi
Tennessee Williams
Die Katze auf dem
heißen Blechdach
New Orleans
William Faulkner
Die Wendemarke

Liberté. Ligne – Le Havre –
Southampton – New York:
»Liebe Marion, / dies ist
das / Schiff, auf dem / Bild schon
vor / New York, in Wahr- / heit
erst im Kanal. / Jetzt schaukelt
es / etwas, und im / feudalen
Uli-Salon [?] / pimpert die
Kapelle. / Dein Kopernikus«

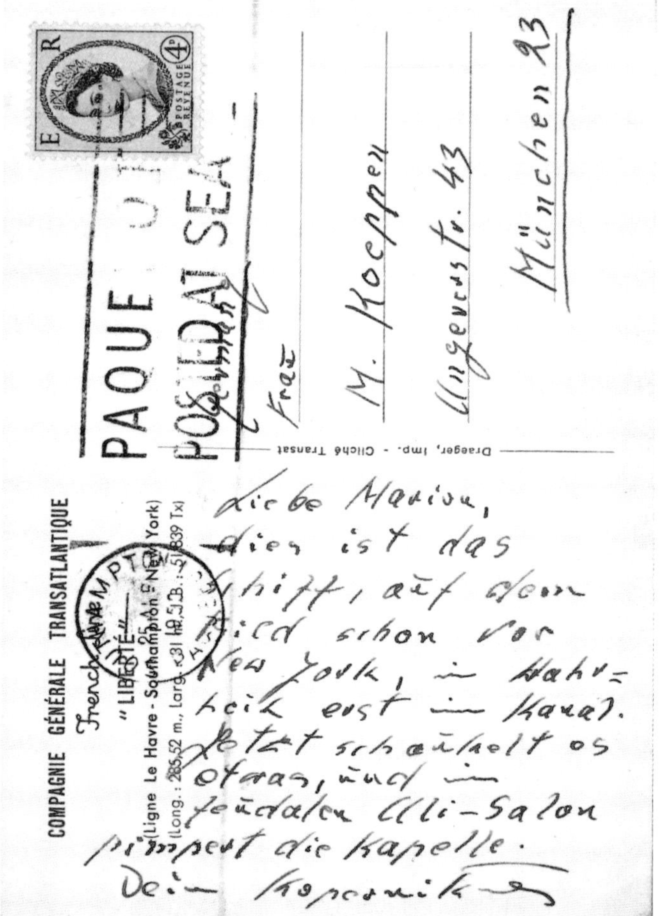

Koeppen hat auf seinen Reisen
laufend ausführliche Briefe, aber
auch viele Ansichtskarten an
seine Frau geschrieben,
aus Amerika zwischen April und
Juni 1958

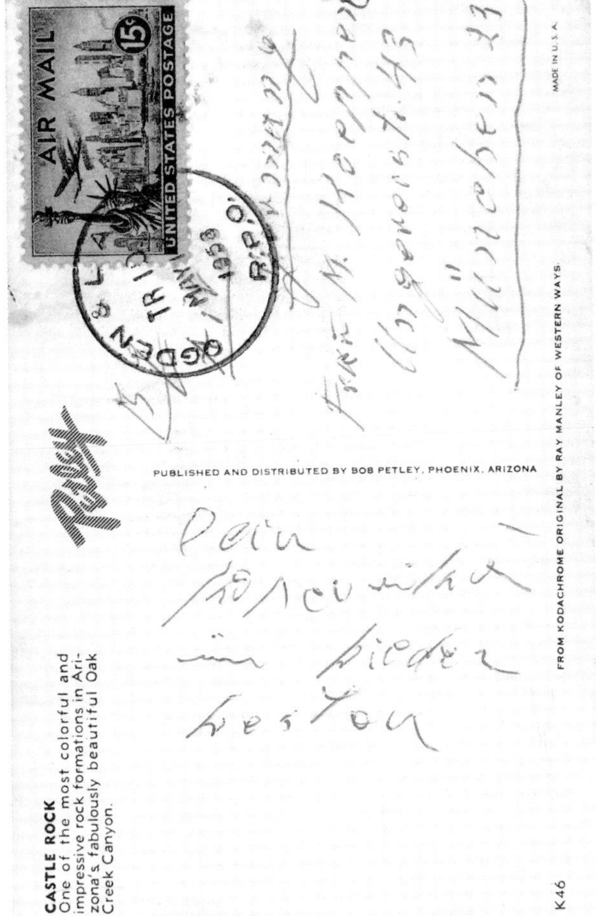

Castle Rock (Arizona)
»Dein / Kopernikus / im
wilden / Westen«

Easily reached in an un-
congested residential section,
the Fairfax offers 24-hour
pick-up and delivery service
for the guest's car.

The "Oak Room," well
known among Washington-
ians, offers delicious food,
served in a club-like at-
mosphere.

The attractively decorated
transient rooms and apart-
ments are as distinctive
as the colorful lobby.

The Fairfax. Washington's
Familiy Hotel
»Ein herzlicher / Gruss
ohne / Luftpost / von
Deinem / Kopernikus / 5. 5. 58«

THE FAIRFAX
Washington's Family Hotel
2100 Massachusetts Avenue, N.W.
Centrally located in Washington's most distinguished
section of Embassies and Legations, the Fairfax offers
convenience for the transient guest and delightful living
for the permanent resident.
For reservations telephone HObart 2-6800

POST CARD

Germany

Frau
Marion Koeppen
Ungererstr.43
München 23

97108

Liebe Marion, morgen, Pfing-
montag verlasse ich S.Francisco
und fahre nach Salt Lake City,
später nach Cicago.Du wirst vielleicht ein paar Tage nichts von
mir hören.Hier war ich sehr beun-
ruhigt und guckte immer ins Post-
fach.Bin bei dir!Wenn du diese
Karte erhälst,sind es wohl nur
noch 19 Tage.   dein

Fragt man bei Koeppens zweitem Reisebuch, *Amerikafahrt*, nach dem geheimnisreichen »anderswohin«, so läßt es sich kaum in der Thematik finden, denn »die politischen Umstände nach dem Zweiten Weltkrieg, die Entwicklung der USA zu einer der beiden entscheidenden Weltmächte sowie die Notwendigkeit, eine Position in diesem Lande zu gewinnen, führten zu einer wahren Flut amerikakundlicher Literatur« (Schildt, S. 408). Als im Laufe der fünfziger Jahre immer mehr Deutsche Amerika kennenlernen wollen, die wirtschaftlichen Verflechtungen enger werden und die amerikanische populäre Literatur und ihre ästhetischen Muster das Alltagsleben in Westdeutschland mitprägen, potenziert sich die Literatur über Amerika. Koeppen bewegt sich also im Trend: Auch seine Reise mit dem Schiff statt mit dem Flugzeug ist in den fünfziger Jahren nichts Außergewöhnliches, beide Möglichkeiten halten sich in dieser Zeit noch die Waage. Und schließlich hat er mit vielen anderen Amerikareisenden die Route gemeinsam: Er beginnt seine Exkursion in New York, wo er sich länger aufhält, und reist dann mit dem Zug weiter nach Washington, New Orleans, Los Angeles, San Francisco, Salt Lake City, Chicago, Boston und nach New York zurück.

Ein genauerer Blick zeigt allerdings, daß Koeppens Berichte sich von denen anderer Amerikareisender erheblich unterscheiden. Die Mehrzahl der deutschen Reiseberichte gilt, neben den landschaftlichen Reizen, dem amerikanischen »way of life«: der Arbeitswelt, der fortgeschrittenen Technologie und dem Familienleben. Automation und Rationalisierung, Super-Markt mit Selbstbedienung, Autokultur und Werbung werden, da in Deutschland unbekannt, als moderne Lebens- und Verhaltensweisen bestaunt und bewundert, seltener kritisch bewertet. Die Reisebuchverfasser wollen über die politische und soziale Gegenwart aufklären und versehen der Deutlichkeit halber ihre Informationen über Land und Bewohner oft mit geographischen Karten, Statistiken und Fotografien.

Koeppen geht seine eigenen Wege. Er führt seine Leser auch in diesem Land »anderswohin«, vor allem in die amerikanische Literatur und in die Literatur über Amerika. Für ihn läßt sich Amerika weniger durch Städte, Gebirge und Flüsse als durch Autoren und Buchtitel beschreiben, müssen sich vielmehr Empirie und Imagination palimpsestartig überlagern. Schon der Anblick Manhattans vom Schiff aus ist Anlaß für eine länger Passage, die sich als ein Zitat entpuppt: »Also beschrieb Herman Melville 1850 New York, da er Moby Dick, den weißen Wal, seine Chimäre, jagte.« (*Amerikafahrt, GW 4*, S. 284, dort die folgenden Zitate) Am wohlsten ist ihm, wenn die erlebte Wirklichkeit seinem literarischen Vorwissen möglichst nahekommt: »Zum Glück sah ich gedrungene altertümliche Fährboote über den

Bodden treiben, und sie zauberten mir, wie sie mit schwerer Menschenfracht, radrollend, schaumschlagend den Hudson querten, das Amerika
meiner Erwartung, sie ließen an Mark Twain denken, an Walt Whitman,
wenn auch der Mississippi und die grünen Jagdgründe fern und die Tage
der Dichter vergangen waren.« (S. 286) »Bald aber wuchsen die Gebäude,
wie man es erwartet hatte, wie Filme, Bilderbücher und Träume es gezeigt
hatten [...].« (S. 289) »Die Stimme Walt Whitmans war über den Häusern.«
(S. 291) Divergenzen zwischen Realität und Vorstellung bedauert er: »Wie
so oft, enttäuschte zunächst die Wirklichkeit den Traum.« (S. 292) Doch
bald passen beide wieder zusammen: »Schließlich fuhr mich ein Wagen
durch Straßen, die den Fremden schon wie Faulkners Süden anmuteten.«
(S. 325) In New Orleans denkt er an Mark Twain und Gerstäckers Flußpiraten. »Jeden Moment, meinte ich, müsse Onkel Tom aus der Tür treten.«
(S. 353) »Eine dicke Köchin, wie aus dem Buch ›Vom Winde verweht‹,
setzte sich hinter das Steuer des prunkvollen Automobils ihrer Herrschaft
und fuhr zum Markt.« »Es war ein glühend heißer Mittag, und ich mußte
an Tennessee Williams' Einakter ›Garden District‹ denken.« (S. 364) »Der
Santa-Fe-Expreß erfüllte, wie sein Name, alle Knabenträume vom Wilden
Westen, vom Indianerland, von Trapperfahrten, Cowboyweiden, Goldgräberglück, Desperadoschicksal, und Gerstäcker, Karl May, Cooper und
Sealsfield reisten mit uns.« (S. 368) »Ein Mann mit einer Stelze ging vor
dem Heim auf und ab. Er hatte sich wie ein Seeräuber angezogen. Ich
dachte an die ›Schatzinsel‹ von Stevenson. Der Stelzfuß war wirklich und
unwirklich zugleich.« (S. 409) »Für mich war Chicago der Schauplatz der
Romane Theodore Dreisers, des Dichters der ›Amerikanischen Tragödie‹.«
(S. 424) Und immer wieder ist ihm Kafka, der ja selber nie in Amerika war,
Führer und Begleiter, so vertraut, daß Koeppen sich sogar einmal, irritiert
durch die zwei einander so ähnlichen Bahnhöfe in Salt Lake City, selber
als dessen Figuren empfindet. »Ich hatte es geahnt, ich war der K aus dem
›Prozeß‹, ich war der Landvermesser aus dem ›Schloß‹, ich war wie der
Landarzt dem Fehlläuten der Nachtglocke gefolgt, und es war nie wiedergutzumachen.« (S. 418f.)
Ausführliche Bemerkungen gelten den amerikanischen Lesern und den
amerikanischen Bibliotheken, wo Koeppen besonders deutsche Bücher
und Dokumente deutscher Geschichte interessieren. Von dort gelangt er oft
nach Deutschland und in die eigene Biographie. »Die Freiheitsstatue ragte
in einem zerrissenem Nebelmantel aus dem Meer und war eine biedere
Schwester der beliebten Riesinnen, Bavaria, Germania oder Berolina, denen man in den hohlen Kopf steigen kann, um aus ihren blinden Augen
den nichtssagend erweiterten Horizont zu sehen, ein Mutterkomplex der

Nation, eine Matrone, die mißmutig eine nasse Fackel hält, aber nichts erhellt.« (S. 285) »Vor dem Theater konferierte in weißer Lichtflut das entzückteste Publikum der Welt. Es waren die Zuschauer von Reinhardt und Jessner, von Charell und Brecht, die ich hier wiederfand, ich sah mich in der Schumannstraße, am Schiffbauerdamm, am Kurfürstendamm, ich hörte die alten Gespräche der Erwartung, die Unterhaltungen der Habitués, die Dialoge der Kennerschaft.« (S. 296f.) Ein Glanzstück des Koeppenschen Kunstprodukts *Amerikafahrt* ist die Charakterisierung des deutschen Viertels in der 86. Straße von New York:

»Im Schmelztiegel der Völker, in der frohen, freien Weltstadt New York bot sich ein Extrem nicht aus deutscher Eigenart, sondern aus deutscher Weltverschlossenheit und provinzieller Verquertheit. Verstaubte Ritterhumpen, aufbewahrte Zöpfe. Die Mädchen trugen Dreimäderlhausfrisuren, sie waren jung und waren von gestern, sie waren New Yorkerinnen und waren hausbacken. Sie waren beliebt. Die US Navy saß in der Deutschen Eiche beim deutschen Bier, die bayrische Trachtenkapelle spielte die Fischerin vom Bodensee, Rundtänze, artige Takte, Geknutsch auf Kellertreppen, der Mond über dem East River, Abdrücke kleiner schwitzender Hände auf dem weißen Matrosenjanker. Die braven deutschen Mädchen standen bei der Navy in dem Ruf, billig zu sein. Im Heidelberger Faß stolzierten Vereinsständer auf langer Tafel. Ein Sportclub war geflogen gekommen und wurde gefeiert. Torgesichter. Die deutsche Literatur, die deutsche Kunst, unsere Gegenwart, unser Leben, die deutschen geistigen Bemühungen, selbst der deutsche Kulturattaché in Washington existierten für die Bewohner der deutschen Straße in New York nicht. Deutschland war ein deutscher Heimatfilm.« (S. 316f.)

»Wolfgang Koeppen, den schickten wir ins Ausland. Er fuhr überall hin […] und brachte dort Reiseberichte mit, die scheinbar völlig subjektiv waren, nur einfach Beobachtungen des Schriftstellers Wolfgang Koeppen. Die schlugen so ein, daß die Intendanten der betreffenden Sender mich händeringend anflehten, möglichst viele Koeppen-Sendungen ins Programm zu bringen.« So Alfred Andersch 1979 in der Sendereihe *Zeitgenossen* (Figge, S. 44). Tatsächlich erhielt Koeppen immer neue Reiseangebote, vom Süddeutschen Rundfunk mit Ziel Ägypten, vom *Stern* Ziel Japan; die Deutsche Afrika-Gesellschaft wollte ihn zu einer Reise nach Afrika animieren. Diese und andere Pläne wurden jedoch nicht ausgeführt. Das Schreiben von Reisebüchern »wäre eine Sackgasse geworden, wenn ich dies nun fortgesetzt hätte, was mir von Verlegerseite angetragen wurde. Ich hätte noch eine ganze Reihe von Ländern bereisen können und darüber schreiben können, und dann wäre die Gefahr entstanden, daß es zu einer Routine geworden

wäre, und darum habe ich dies auch wieder aufgegeben.« (Treichel, S. 51)
Er gibt zwar das Reisen nicht auf. In Japan ist er gewesen, außerdem in
Leningrad, zweimal in Italien; er sieht 1986 New York wieder; er unter-
nimmt – als Geschenk seines Verlegers Siegfried Unseld zu seinem achtzigsten Geburtstag – 1988 eine Kreuzfahrt über Singapur, Indonesien, Thai-
land, Rangoon nach Bombay und zurück über Genua. Von dieser letzten
Reise existieren nicht mehr als flüchtige Notizen, auf den Bordprogram-
men während der Fahrt festgehalten. Sein Potential an Reiseberichten ist
erschöpft. Seit Mitte der fünfziger Jahre veröffentlicht er trotz dringlicher
Aufforderungen seines Verlegers und permanenter Nachfragen der Rezensenten keine Romane mehr; seit 1962 verstummt er auch als Reiseschriftsteller. Das Büchlein *Ich bin gern in Venedig warum* von 1994 enthält
Texte für einen gleichnamigen Fernsehfilm mit und über Wolfgang Koeppen, der 1979/1980 in Venedig unter der Regie von Ferry Radax produziert
worden ist und den Koeppen für mißlungen hielt.

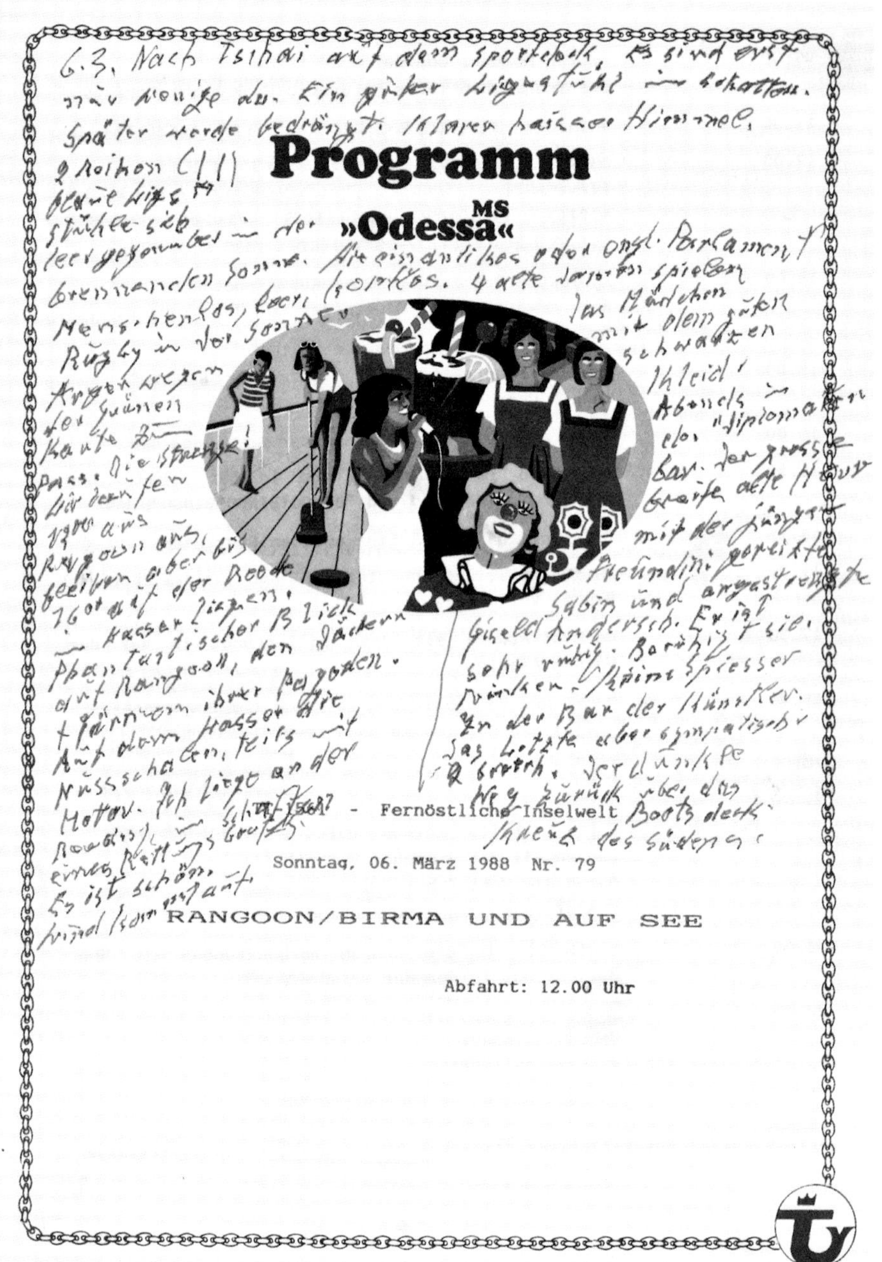

Notizen Koeppens auf dem Bordprogramm der *Odessa* während seiner Kreuzfahrt von Singapur nach Genua Februar/März 1988, hier am 6. März 1988. Aus dieser Reise sollte der Roman *Das Schiff. Oder ich kam nicht nach Petra* resultieren.

Ließ mir als Beistand den Erzähler einfallen, den alten Schwimmer, meinen verehrten Freund, der sich von Jugend an auf offenen Meeren rumgetrieben hatte, egal bei welcher Windstärke, ein wahrhaftiger Wellenreiter, schon xmal abgesoffen und immer neptunähnlich wieder an Land gekrochen, mit immer neuen Geschichten im Fischmaul, mit Netzen voller springender Geschichten, der in seinem achtzigsten Jahr eine große Schiffsreise angetreten hatte, die ihn nach Bangkok, Singapur, Karatschi, Kairo und am Ende nach Petra, der jordanischen Gräberstadt, hatte führen sollen, Städte, in deren Nachtgassen er sich in seinen Greifswalder Jugendnächten bis zum Bankrott herumgetrieben hatte, in deren Etablissements er in jenen Nächten nächtelang geträumt, an deren Stränden er morgenlang erwacht war, und der mir erzählt hatte, er sei, wenn das Schiff in den Häfen seiner Nachtstädte angelegt habe, in seine Kabine hinabgestiegen, habe sich eine Flasche Whisky bringen lassen, die Tür verriegelt, die Luke verdunkelt und dann den Ton, den Geruch und den Geschmack der Stadt in sich aufkommen lassen, ihr Licht und ihre Lichter gesehen, die Geschichten erlebt, die sich auf den Straßen und Plätzen, in ihren Häusern und Gräbern zugetragen hätten, ungeheure ineinander verflochtene Zopfgeschichten – die sich dir um den Hals legen, hatte er zu mir gesagt, und immer enger ziehen und immer bunter leuchten. »Das unerreichte Petra« sollte seine Geschichte heißen, die Fragment geblieben ist, da der Freund es nicht bunt genug kriegen konnte.

Ulla Berkéwicz: Mordad. Frankfurt: Suhrkamp 1995, S. 51f.

So sieht der Globus aus, wenn
er vom Phantasieroß aus mit
umgekehrtem Fernglas
betrachtet wird.

VII. »Ich genieße gern die Einsamkeit in der Menge.«
Wolfgang Koeppen im literarischen Leben seiner Zeit

»Ich liebe es nicht, mich auf den Markt zu begeben und zu reden. Ich bin kein Mann des geselligen Mittelpunktes. Ich bin ein Zuschauer, ein stiller Wahrnehmer, ein Schweiger, ein Beobachter, ich scheue die Menge nicht, aber ich genieße gern die Einsamkeit in der Menge, und dann gehe ich in mein Zimmer, an meinen Tisch und schreibe oder versuche es wenigstens.«

Büchner-Preis-Rede, GW 5, S. 253

Dieses 1962 ausgesprochene Bekenntnis anläßlich der Verleihung des Georg-Büchner-Preises umreißt Koeppens Stellung im literarischen Leben, auch Kulturbetrieb genannt. Während sich dessen Akteure immer vehementer darum bemühen, Koeppen bekannt zu machen, ihn auszeichnen und ihn zu weiterem Schreiben bewegen möchten, zieht sich der Geehrte und Gefeierte mehr und mehr in sich zurück. Die Diskrepanz zwischen Wunschbild und Erwartung von Preisverleihern, Literaturkritikern, Verlegern, Lesern und der Selbsteinschätzung Koeppens wächst.

Symptomatisch ist der Zeitpunkt, an dem die öffentlichen Ehrungen einsetzen. Koeppen hat nach seinen Erfolgen mit den drei Nachkriegsromanen und den drei ebenso positiv aufgenommenen Reisebüchern außer kleineren Nachworten, Essays und Rezensionen seit 1961 nichts mehr publiziert. Genau ab diesem Moment setzen die Preisverleihungen ein. Dreizehn Literaturpreise erhält er in rascher Folge von 1961 bis 1987, unter ihnen den Georg-Büchner-Preis, den Literaturpreis der Bayerischen Akademie der Schönen Künste, den Immermann-Preis, den Kulturellen Ehrenpreis der Landeshauptstadt München, den Arno-Schmidt-Preis. 1966 wird er zum ordentlichen Mitglied der Bayerischen Akademie der Künste gewählt. Die Preise fungieren neben der Würdigung seines vorliegenden Werks sicherlich auch als Aufforderung, die eigene Passivität zu überwinden und das Geleistete fortzusetzen.

Hermann Kesten schlägt Koeppen sogar für die Verleihung des Nobel-Preises vor und schreibt ihm: »Meine literarische Bewunderung für Ihre Kunst, in zweieinhalb Seiten die Hölle eines ganzen Lebens, das Nichts im Nichts auszuschöpfen, wird überschattet, überwältigt vom Schrecken, der sich da mitteilt und wie gesagt ansteckend wirkt.« (WKA, 23. Februar 1967) Koeppens Frankfurter Poetikvorlesung im Herbst 1982 zieht eine große Menge von Zuhörern an. Auch über das literarische Leben hinaus wird Koeppen

Der Präsident der Deutschen Akademie für Sprache und Dichtung, Hermann Kasack (rechts), überreicht Wolfgang Koeppen im Beisein des hessischen Kultusministers Ernst Schütte den Georg-Büchner-Preis im Theatersaal der Orangerie, Darmstadt, 20. Oktober 1962.

Gastdozentur für Poetik an der Johann Wolfgang Goethe-Universität im Herbst 1982

eine prominente Person der Öffentlichkeit: Als Bundeskanzler Helmut Schmidt Gast im Haus von Siegfried Unseld – seinem seit Anfang der sechziger Jahre auf ein neues Buch hoffenden, es mit materiellen Zuwendungen bis ans Lebensende fördernden Verleger – ist, gehört Koeppen wie selbstverständlich zu den Eingeladenen. 1986 gratuliert Bundespräsident Richard von Weizsäcker Koeppen zum achtzigsten Geburtstag und lädt ihn zu diesem Anlaß in die Villa Hammerschmidt ein, wo er im Kreise von Hans Magnus Enzensberger, Max Frisch, Günter Grass, Jürgen Habermas, Marcel Reich-Ranicki, Peter Sloterdijk und anderen gefeiert wird. Die Masse

146

1990 bei der Ehrenpromotion
vor dem Rektorat der Universität
Greifswald

privater Briefe von Lesern jeden Alters und aus beinahe allen sozialen Schichten, die Koeppen nicht nur zu seinen Büchern schreiben, sondern ihm auch ihre privaten Sorgen und Probleme anvertrauen und bei ihm Rat suchen, zeugt von seiner breiten Resonanz und davon, daß seine Romane von vielen identifizierend gelesen worden sind und gelesen werden.

Nach außen freundlich, konziliant und vermeintlich auf dem Höhepunkt seiner schriftstellerischen Karriere, entnehmen wir einer Selbstbeobachtung vom September 1965 in einer Mappe seiner geplanten *Autobiographie* das Psychogramm eines ganz anderen, eines erschöpften, kranken Koeppen: »Noch zu bemerken: schnell ermüdende Arbeitslust, abends manchmal die Müdigkeit wie ein Hammerschlag, schon nach zwei Stunden Lektüre Schlaf, nach zwei, drei Stunden schwitzendes Erwachen, mehrere Stunden Lesen (alte Gewohnheit, unter der ich nicht leide), gegen Morgen noch mal dumpfer Schlaf, wilde Träume und Schwitzen. Vormittags seit die Herzbeschwerden besser sind beste Zeit des Tages. Zuweilen Ermüdung der Augen. Bei der Arbeit oder selbst beim Spazierengehen ein plötzliches (vielleicht eingebildetes) Nachlassen der Sehkraft. Dazu ein gewisser Kopfdruck, Stirndruck. Manchmal nachts beim Lesen Doppelsehen. Ein Bild auf der rechten Buchseite erscheint auch auf der linken Seite. Dann ein flimmernder Punkt vor dem linken Auge. Der Augenarzt spricht von Glaskörperablösung. Tropfen und Salben. Augenarzt sagt, es wird nicht ganz weggehen. Hält es aber für unbedenklich. Behandlung abgebrochen. Manchmal Nachlassen des Gedächtnisses. Ein mir durchaus geläufiger Name fällt mir nicht ein. Sonst das alte gute Erinnerungsvermögen.

147

Es gibt immer wieder Stunden oder Tage an denen [ich] mich gesund fühle. Dann wieder andere, wo ich überzeugt bin, todkrank zu sein. Das geht so hin und her.

Fatale Neigung zu Erregungen. Oft über Belanglosigkeiten oder Dinge, die nicht zu ändern sind. Lärm vor meinem Arbeitszimmer: ich spüre eine wachsende Wut, eine Erregung, die wie ein scharfer Löffel mich vom Kopf bis in die Brust umwühlt und mir das Herz presst. Verstärkt durch den Gedanken der Hilflosigkeit vor Gewalten, die über mich gekommen sind.« (WKA, Mappe *Autobiographie*)

Über körperliches Unwohlsein hinaus ist neben den geschilderten privaten Schwierigkeiten vor allem das schon erwähnte »Leiden« am Schreiben die Ursache für seine Befindlichkeit. Marcel Reich-Ranicki, der Koeppen am ausführlichsten interviewt und ihn am besten kennengelernt hat, charakterisiert die »zwei Koeppen« überzeugend:

»Sollte mich jemand fragen, wer in diesen fünfzehn Jahren der wichtigste und originellste Mitarbeiter des Literaturteils der ›Frankfurter Allgemeinen‹ war, jener, dessen kritische Prosa sich mir am schärfsten eingeprägt

Herrn

Wolfgang Koeppen

Widenmayerstraße 45

8000 München 22

Verehrter Herr Koeppen,

in wenigen Wochen werden Sie Ihren 80. Geburtstag
feiern. Zu Ihren Ehren möchte ich deshalb am
Dienstag, 22. Juli 1986, um 13.00 Uhr, eine kleine
Runde zu einem Mittagessen in die Villa Hammerschmidt einladen. Die Briefe an die Gäste sind
heute abgeschickt worden.

Ich danke Ihnen von Herzen, daß Sie Ihr Einver-
ständnis zu dieser Zusammenkunft gegeben haben und
freue mich auf die Begegnung mit Ihnen.

Mit guten Wünschen und

freundlichen Grüßen

Ihr Richard Weizsäcker

hat, ich würde nicht lange nachdenken müssen und Wolfgang Koeppen nennen.«

»Ein Autor, auf den man sich verlassen konnte, war er nie. Niemals hat er Termine eingehalten, und es hat ihm nie etwas ausgemacht, seine Auftraggeber auf sanfte und doch entschiedene Weise vor den Kopf zu stoßen oder ganz einfach im Stich zu lassen. Gesegnet mit einem einzigartigen Talent, war er zugleich mit einer fatalen Willensschwäche geschlagen, mit einer schwer zu bekämpfenden Neigung zur Trägheit und zur Lethargie. Es ist kaum zu glauben: Koeppen, der beinahe sein ganzes Leben lang den Beruf eines freien Schriftstellers ausübte, schrieb selten und sehr ungern, wenn nicht widerwillig.« (Reich-Ranicki 1999, S. 498, 501)

Anzeichen von Trägheit und Lethargie – oder, in Koeppens Diktion: von Nichthandeln und Einsamkeit – begleiten sein Leben und seine Arbeit immer: Trotz Aufforderung bleibt er der Gruppe 47 fern und hält auch in späteren Jahren Distanz zu ihr. Engere Bindungen zu seinen Schriftstellerkollegen ist Koeppen selten eingegangen, meist blieb es bei zeitlich begrenzter Zusammenarbeit, flüchtigen Bekanntschaften in höflicher Wahrnehmung und Anerkennung, obwohl Schriftsteller wie Max Frisch, Hans Magnus

In Frankfurt: Siegfried Unseld, Wolfgang Koeppen und Ulla Berkéwicz zu Beginn des Jahres 1989

Enzensberger, Walter Jens, Alfred Andersch, Helmut Heißenbüttel öffentlich seine Prosa rühmen, die Einzigartigkeit seines Schreibstils bewundern. »Ähnliches gilt für seine ausgebreitete Korrespondenz. Über einen längeren Zeitraum aufrechterhaltene Beziehungen kamen nicht zustande, er verhielt sich passiv, vier Fünftel seiner Briefe sind Antworten.« (Estermann in: *Phantasieroß*, S. 679) Als ihm 1974 von der Stadt Bergen-Enkheim, damals noch nicht zu Frankfurt gehörig – als erstem Preisträger – das Amt des Stadtschreibers verliehen wird, läßt sich Koeppen unter dem Vorwand, in einigen Wochen ein Romanmanuskript dem Suhrkamp Verlag abliefern zu müssen, fast ein Jahr Zeit, bis er die Ehre annimmt.

Die Bereitschaft zu zahlreichen Interviews dient bei näherem Hinsehen häufig der Verschleierung von Fakten, die er, taktisch geschickt, mit erzählerischen und phantastischen Elementen verquickt. Die vielen Absagen auf Einladungen zu Lesungen, Entschuldigungen und Ausflüchte, nicht eingehaltene Terminversprechen lassen bald in der Öffentlichkeit den Eindruck von einem »Einzelgänger« entstehen, »der«, so Asta Scheib in einem Gespräch mit Koeppen, »sogar durch Schweigen von sich reden macht. Besonders in der letzten buchlosen Zeit hat sich um Ihre Person fast so etwas

151

wie ein Mythos entwickelt. Sie sind ein literarisches Monument geworden, eine Legende zu Lebzeiten.« Und immer dringlicher die Fragen: »Warum schweigen Sie so beharrlich?« »Wann kommt ein neues Buch?« Fragen, die Koeppen mehr oder weniger diplomatisch umgeht, deren Frager er nicht ernst nimmt: »Vielleicht wenn ein Pferd oder eine Katze, ein Hase oder ein Hund es lesen wollen.« (Treichel, S. 188)

Trotz des Schweigens oder, genauer, wegen seines Schweigens wird Koeppen von der Literaturkritik unbeirrt gelobt und gepriesen. »Wolfgang Koeppen ist einer unserer größten Schriftsteller«, schreibt 1971 die *Frankfurter Rundschau*. Begründung: »Er ist es auch, weil er so lange geschwiegen hat und vielleicht noch lange schweigen wird.« 1982 meint die *Stuttgarter Zeitung*, daß es Koeppens nicht geschriebene Werke seien, »die ihn zum poeta laureatus erheben und die ihn aus der Schar der Textlieferanten und Zeilenschinder herausragen lassen«. Ein Artikel von Christian Schultz-Gerstein im *Spiegel*, aus dem diese Beispiele übernommen sind, faßt zusammen: »Dieses Kriterium, das den Rang eines Schriftstellers daraus ableitet, daß er nichts schreibt, ist nicht etwa, wie man meinen sollte, dem Gelächter des Literaturbetriebes anheimgefallen, sondern gehört zum festen Repertoire der Koeppen-Verehrung.« Zu kurz gegriffen ist jedoch der polemische Schluß, den er aus diesem Befund zieht: »In keiner anderen Inszenierung des Literaturbetriebs spielen Literaturkritiker derart ungeschminkt ihre Haupt- und Lieblingsrolle: die Rolle des Zuhälters, der auf eigene Rechnung die Schriftsteller dichten läßt, und der, wenn sie nicht wollen, zur Not auch nachzuhelfen weiß.« (*Der Spiegel*, 24. Januar 1983)

Der wahre Grund für das nachhaltige, sein Verstummen überdauernde Interesse an Wolfgang Koeppen liegt in nichts anderem als in der Qualität seines literarischen Werks, das – obwohl es im wesentlichen auf die fünfziger Jahre begrenzt ist – Jahrzehnte später immer noch soviel Brillanz enthält, um lebendig, ohne Patina, aktuell und frisch zu wirken. »Die Romane von Wolfgang Koeppen sind von brennender Aktualität. Er ruft uns mit Schärfe und Kritik zur Gewissensprüfung auf. Durch Selbsterkenntnis wünscht er uns zur Erkenntnis der menschlichen Umwelt zu führen. Die Wahrheit, zu welcher Koeppen gelangt, wirkt häufig ebenso provozierend wie zu allen Zeiten jene Wahrheit des Schriftstellers gewirkt hat, die gegen die gesellschaftlichen Spielregeln gerichtet war. Bei alledem ist sein Angriff mit kühner darstellender Kraft vorgetragen, und seine Empörung ist die eines Moralisten.« (Preis zur Förderung der Literatur der Landeshauptstadt München 1961)

Das große literarische Ansehen von Koeppen zeigt sich nicht zuletzt an der Tatsache, daß sich gegen Ende der fünfziger Jahre, als sich die Verbindung

mit Henry Goverts lockerte, gleich mehrere Verlage – Rowohlt, Piper, Otto Walter, Hoffmann und Campe – energisch bemühten, den Autor für ihr Verlagsprogramm zu gewinnen, bis er sich schließlich für Suhrkamp entschied.

Doch bereits für die frühere Zeit gilt Koeppens Satz: »Ich habe Glück gehabt mit meinen Verlegern.« (WKA, Mappe *Autobiographie*) Ohne Unterstützung seitens der Verlage in ideeller wie finanzieller Hinsicht wäre manches Werk nicht geschrieben worden. Der erste Roman, *Eine unglückliche Liebe*, verdankt seine Existenz einem Reisestipendium und der beharrlichen Schreibaufforderung des Verlegers Bruno Cassirer. Die Verbindung zu Cassirer hatte Max Tau, Lektor des Verlages, mit dem Koeppen eine seiner wenigen innigen und lange währenden Freundschaften verband, hergestellt. 1961 erinnert sich Tau: »Eines Tages las ich im Berliner Börsen-Kurier eine Skizze des mir unbekannten Schriftstellers Wolfgang Koeppen. Ich schrieb ihm sofort einen begeisterten Brief und versicherte ihm, er besitze große dichterische Begabung. Am nächsten Tag trat er in mein Büro, schüchtern und so zerstreut, daß man meinte, er hätte sich am liebsten irgendwo versteckt. Wie er so vor mir stand, absichtlich gebückt, war ich verwundert. Aber sobald er sprach, spürte ich, daß ich hier recht behalten würde: ich hatte es mit einem Dichter zu tun. Er wollte aber nichts davon wissen und bemerkte sarkastisch: ›Viele sind berufen, aber nur wenige auserwählt.‹« (Tau, S. 216) Auch Koeppens zweiter Roman, *Die Mauer schwankt*, kann 1935 noch in dem jüdischen Verlag Bruno Cassirer erscheinen, als Koeppen sich bereits in Den Haag befindet.

Wolfgang Koeppens Verleger in den dreißiger und fünfziger Jahren: v. l. Bruno Cassirer, Max Tau, Henry Goverts

Der Autor und sein Verleger 1975. Koeppen liest auf dem Kritikerempfang des Suhrkamp Verlages während der Frankfurter Buchmesse.

Erste Verbindungen mit dem Verlag Claassen-Goverts nimmt Koeppen 1946 in Hamburg auf, als er seine Tante Olga in Reinfeld in Schleswig-Holstein besucht (WKA, an Marion, 3. Oktober 1946). Henry Goverts ist es gewesen, der Koeppens zentrales Werk, die Nachkriegstrilogie und die drei Reisebücher, verlegte und damit seinen Ruhm begründete. »Unsere Ehe war nicht ohne Krach«, erklärt Koeppen in seinem öffentlichen Freundschaftsbekenntnis *Mein Goverts. Geburtagserinnerungen zum 85.* in der *Frankfurter Allgemeinen Zeitung* 1977 (*GW 6*, S. 362).

Nachdem Goverts seinen Verlag verkauft hatte und Siegfried Unseld es 1959 gelungen war, die übrigen Konkurrenten aus dem Feld zu schlagen und Koeppen an den Suhrkamp Verlag zu binden, beginnt eine weitere problematische »Ehe«. Denn im Gegensatz zu Koeppens produktiver Phase bei Goverts, in der in kurzen Abständen Buch auf Buch entstanden war, setzt nun wieder eine Zeit der Lethargie ein, der enttäuschten Erwartungen und immer neuen Ausflüchte und Entschuldigungen. Wohl die meisten Leser assoziieren heute mit Wolfgang Koeppen den erfolgeichen Autor des Suhrkamp Verlags – die Wirklichkeit ist ganz anders.

Die Geschichte von Koeppen und Siegfried Unseld ist, wie der umfangreiche Briefwechsel zwischen beiden deutlich macht (KU), die Geschichte einer Freundschaft, aber auch eine Leidensgeschichte. »Miteinander auf Gedeih und Verderb« geht Unseld mit seinem Autor Koeppen die Autor-Verleger-Beziehung (9. Dezember 1959, KU Nr. 9) ein und leistet von Anfang
an großzügig monatliche Vorauszahlungen. Koeppen willigt freudig ein:
»Ihr Vertrauen und Ihre Hoffnung würde ich nicht als Versorgung betrachten; sie wäre mir Ansporn, diese grosse, die letzte Chance meines Lebens
zu nützen und so zu arbeiten, wie ich immer arbeiten wollte, und das zu erreichen, was ich als junger Mensch mir erträumte, ohne in verlorenen Jahren immer danach zu streben.« (13. Dezember 1959, KU Nr. 10) Doch diese
Chance nimmt Koeppen nicht wahr. Abgesprochene Termine hält er nicht
ein. Immer wieder sind Eingeständnisse erforderlich: »Ich muss Ihnen
endlich schreiben, dass der Plan, noch in diesem Herbst ein Buch herauszugeben, misslungen ist. Es war ein guter, es war ein freundschaftlicher
Plan von Ihnen, aber ich habe es nicht geschafft.« (15. August 1961, KU Nr.
50) Unseld sucht sich in die Notsituation des Verzweifelten zu versetzen
und ihm immer wieder Mut zuzusprechen: »Sie haben Schwierigkeiten
beim Schreiben von Literatur, weil Sie diese Literatur in einer Hautnähe
leben, die Ihrem Schreiben keinen Atem lässt. Und hier kann Ihnen niemand helfen, kein Freund, kein Kollege, kein Mäzen. Ja, alle Hilfe verstellt
Ihnen nur die Erkenntnis der Situation. […] Sie müssen sich selber schreiben. Sie müssen sich umgraben mit eigenem Wort. Ihr Brief zeigt mir, dass
Sie sich vertrauen können. Sie sind stärker als Sie wissen!« (31. August
1967, KU Nr. 139) Die öffentlichen Ehrungen wirken kontraproduktiv:
»Ich bin von panischer Furcht besessen. Kestens Voraussage in der Deutschen Zeitung vom 10. Mai, ich bekäme den Büchner-Preis, Frisés Erwähnung meines Namens in seinem Bericht über den Internationalen Verlegerpreis, Ranickis fortgesetzte Erkundigungen aus Hamburg und ähnliches
mehr hat mich in die tiefste Verzweiflung gestürzt. Ich will nicht erwähnt

Wolfgang Koeppen in Frankfurt,
1976

Die elenden Skribenten. Aufsätze. Herausgegeben von Marcel Reich-Ranicki, Frankfurt: Suhrkamp 1981

werden, ich will nicht diskutiert werden, ich will nicht zusammen mit Preisen genannt werden, die ich nicht bekomme und die ich im Augenblick nicht bekommen kann und wahrscheinlich auch nie bekommen werde, selbst wenn ich sie bekommen möchte. [...] Denn ich werde mich nicht in Darmstadt, nicht in Frankfurt oder wo auch immer sehen lassen, bevor nicht der Roman erschienen ist.« (13. Mai 1962, KU Nr. 63) Unseld wird nicht müde, seinem Autor beizustehen, ihm Selbstbewußtsein fast einzuimpfen. »Lieber Herr Koeppen, wie auch äußere Daten und Vereinbarungen festgelegt sein mögen, Sie unterliegen beim Schreiben einem anderen, inneren Gesetz, das meinen Respekt hat. Wir, lieber Herr Koeppen, haben Geduld, Sie schreiben ja nicht für den Tag und für die Saison, ich hoffe, auch Sie haben diese Geduld, die Sie brauchen, um Ihre Arbeit zum Gelingen zu bringen. Machen Sie sich keine Sorgen, unsere Abmachung wird durch Daten nicht berührt.« (29. Mai 1963, KU Nr. 80) Da muß ein Verleger seinem Autor die größten literarischen Leistungen (und Verkaufserfolge) zugetraut haben, denn die Vorauszahlungen sollen auch bei Fristüberschreitung nicht eingestellt werden, obwohl ihre Höhe einmalig ist: »Ich hoffe also, daß wir das Manuskript bis zum 15. April in Händen haben. Sie können sich vorstellen, wie gespannt ich bin.

Wolfgang Koeppen
In Staub mit allen
Feinden Brandenburgs

Roman
Etwa 240 Seiten. Leinen. ca. DM 24,–
ISBN 3–518–03456–1

Koeppens letzter Roman *Der Tod in Rom* erschien 1954. Koeppen hat danach seine Reisebücher und erzählende Prosa veröffentlicht. Für alle Bücher Koeppens gilt, was Hans Magnus Enzensberger sagte, als Koeppen der Büchner-Preis verliehen wurde: »Die Prosa des Romanciers Koeppen ist die zarteste und biegsamste, die unsere verarmte Literatur in diesem Augenblick besitzt.« Wolfgang Koeppen hat einen neuen Roman geschrieben. In ihm destillieren sich Erfahrungen, die ein so wacher und sensibler Beobachter wie Wolfgang Koeppen unserer Zeit abgewann. Es ist ein Buch, das man mit Fug neben die anderen großen Romane Koeppens rücken kann. Der Autor auch dieses Romanes »ist engagiert gegen die Macht, gegen die Gewalt, gegen die Zwänge der Mehrheit, der Masse, der großen Zahl, gegen die erstarrte, faule Konvention«.

Einer, der in Berlin gelebt und dann die Stadt verlassen hatte, kehrt nach Jahren aus unbestimmtem Anlaß vorübergehend zurück. Er findet ein Unterkommen am Wannsee in der Nähe der Stadtbahn. Die Gegend ist ihm fremd. Sie ist unheimlich und anregend. Die Stadtbahn verbindet ihn mit dem Kurfürstendamm, der Gedächtniskirche, einem Eislaufplatz, den Warenhäusern, dem Tiergarten, dem Alten Westen, der Mauer am Potsdamer Platz, der eigenen Vergangenheit, seinem Glück und Unglück, schließlich mit Ost-Berlin, der Hauptstadt der Deutschen Demokratischen Republik. Der Pilger aber wird zum Gefangenen seiner Neigungen. Begegnungen mit Außenseitern der Gesellschaft – auf der Strecke des Lebens Gebliebenen, jungen Leuten, alten Enttäuschten, Oppositionellen des Untergrunds, Trinkern, Invertierten, Verweigerern, einem Mädchen, das er für eine schutzbedürftige Anarchistin hält – stoßen ihn an den Rand einer kriminellen Handlung und verwirren ihn sehr. Allmählich scheint dem Gast in Berlin Grund, Zweck und Rechtfertigung seines Aufenthalts der Besuch von Kleists Grab zu werden. Dem Vorhaben stellen sich unerwartete Hindernisse entgegen. Zwei Versuche, das Grab zu finden, scheitern. Erst der dritte Anlauf gelingt.

7

Wolfgang Koeppen

Jugend

**Erstausgabe
DM 12,80**

Marcel-Reich-Ranicki über Wolfgang Koeppen: »In einer
Zeit, in der die meisten deutschen Schriftsteller
bei Hemingway in die Schule gingen oder im Banne

Jugend, Frankfurt: Suhrkamp
Verlag 1976. Bibliothek Suhrkamp Band 500

*»Beschämt sehe ich, das Buch ›Jugend‹ vor mir, was ich versäumt habe. Das Leben,
das Werk, das Geld, einen Namen, den Schirm des Erfolges, den Panzer ums Herz.«*
(An Siegfried Unseld, 13. September 1976, KU Nr. 258)

Unsere Vereinbarung sah vor, daß wir die Zahlungen bis Ende März wei-
terlaufen lassen, und daß wir dann über einen neuen Betrag beraten wollten. Sie werden also noch eine Zahlung in der bisherigen Höhe bis Ende
März für den April erhalten. Wir nähern uns mit dieser Zahlung nun dem
achtzigsten Tausend, das ist ein Betrag, wie er sicher in dieser Höhe noch
nie einem Autor vorgeschossen wurde.« (17. März 1964, KU Nr. 95)
Trotz dieser Summen steckt Koeppen in finanziellen Schwierigkeiten und
scheut sich nicht, sie seinem Verleger auseinanderzusetzen: »Lieber Herr
Dr. Unseld, ich weiss nicht, wie es weiter gehen kann. Keine Mark, Schul-
den, Gläubiger, drohende Sperre des Lichts und des Telephons, kein Geld
für die Miete, die Versicherungen gekündigt. Ich glaube nicht, dass die Existenz zu halten, das Dasein noch zwei Wochen zu fristen ist. Leben und Arbeit unter Panik und dann wieder in einer seltsamen Gleichgültigkeit bis
zum letzten Moment des wirklichen Nichts. […] Ich habe zum Schluss eine
Art Wettrennen verloren.« (29. September 1969, KU Nr. 169) Am nächsten
Tag die Antwort: »Lieber Herr Koeppen, ich kann Ihnen nur helfen, wenn
ich ein Manuskript habe. Nun zeigen Sie doch der Welt, daß Sie schreiben

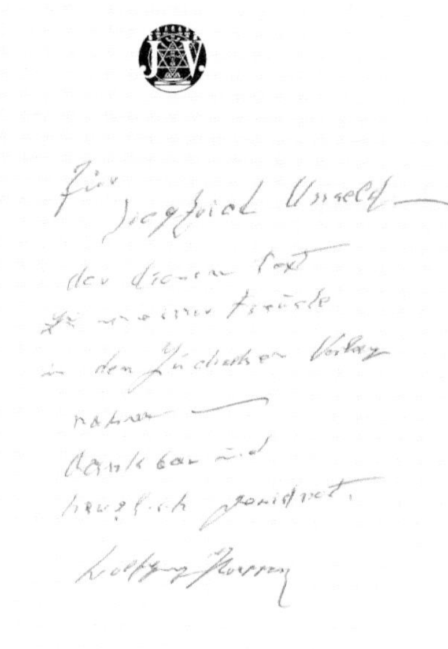

Wolfgang Koeppen: *Jakob Litt-
ners Aufzeichnungen aus einem
Erdloch*. Roman, Frankfurt:
Jüdischer Verlag im Suhrkamp
Verlag 1992

Widmung des Autors:
»Für / Siegfried Unseld – / der
diesen Text / zu meiner
Freude / in den Jüdischen
Verlag / nahm – / Dankbar und /
herzlich gewidmet. /
Wolfgang Koeppen«

rechte Seite:
Begeisterter Brief Siegfried
Unselds, 13. Februar 1992 (KU
Nr. 461), bei Erscheinen von
Jakob Littners Aufzeichnungen
als erstes Buch des Jüdischen
Verlags. Der handschriftliche Zu-
satz von Siegfried Unseld lautet:
»(er soll begeistert sein:
sein Schicksal!)«

können. Immer wieder lese ich wirklich großartige Prosa von Ihnen.
Warum nicht diese lächerlichen 60 oder 100 oder 200 Seiten? Das ist doch
einfach nicht einzusehen. Warum setzen Sie sich nicht wirklich ernsthaft
hin und schreiben dieses Manuskript? Herzlich Ihr [Siegfried Unseld] Anlage: Scheck DM 1000,–« (30. September 1969, KU Nr. 170) Ein Dreiviertel
Jahr später gibt es noch immer kein Manuskript: »Das wichtigste, lieber
Herr Koeppen, das wissen Sie, ist Ihr neues Buch. Wir müssen, müssen,
müssen es in diesem Herbst schaffen. Wenn wir dieses neue Buch heraus-
geben können, verpflichte ich mich sofort, im Frühjahr 1972 eine Werkaus-
gabe Ihrer bisherigen Schriften herauszugeben. [...] Vordringlich oder das
wichtigste in unserer Situation ist, daß Sie wirklich diesen neuen Text jetzt
abschließen können. Bitte, lieber Herr Koeppen, überschreiten Sie den Ru-
bikon. Es ist die Situation des hic et nunc.« (1. Juni 1971, KU Nr. 185) Auch
diese inständige Bitte blieb unerfüllt. Und endlich, am 21. Februar 1972
(KU Nr. 208), im dreizehnten Jahr nach Vertragsabschluß, heißt es: »Unser
erstes gemeinsames Unternehmen präsentiert sich leuchtend blau:« – doch
nicht etwa das ersehnte neue Buch, sondern – »›Das Treibhaus‹ erscheint in
diesen Tagen als suhrkamp taschenbuch Nr. 78.«
1974: Koeppen und Unseld sind mittlerweile per Du – »Lieber Siegfried,
[...] Ich will mein Versprechen halten, am 10. Oktober bei dir auf dem Kritikerempfang aus meinem Manuskript ›In Staub mit allen Feinden Brandenburgs‹ zu lesen. Voll Angst und Bangen, mit Furcht und Zittern. [...] Ich
werde den Auftritt wagen. Ich hoffe, wenn es gut geht, dir den fertigen Ro-

160

Suhrkamp Verlag

Dr. Dr. h.c. Siegfried Unseld

am 13. Februar 1992

Lieber Wolfgang,

ich halte das erste Exemplar von "Jakob Littners Aufzeichnungen
aus einem Erdloch" in Händen. Ich bin sehr froh, daß wir dieses
Buch nun im Rahmen des Ersten Programms des JÜDISCHEN VERLAGES
wiederaufleben lassen können. Ich bin überzeugt, das Buch wird ein
neues großes Echo auslösen. Ich werde bei der Vorstellung des
Buches am 19. Februar sagen, daß man Deine bedeutsame Roman-
Trilogie aus den 50er Jahren fortan anders wird lesen müssen: an
ihrem Beginn steht das Protokoll eines deutschen Schriftstellers
über die Verfolgung und Vernichtung der Juden. Du weißt ja, daß
Reich-Ranicki in dieser Veranstaltung über Dein Buch sprechen
wird *(er soll begeistert sein: sein Schicksal!!*

Herzliche Grüße

Dein Siegfried

Anlage

Suhrkamp Verlag, Postfach 10 1945, Lindenstraße 29–35, Suhrkamp Haus, D-6000 Frankfurt am Main 1, Telefon (069) 7 56 01–0, Telex 413 972,
Telefax 75 601 522, Konten: Deutsche Bank AG, Frankfurt (BLZ 500 700 10) 957 100, Postgiroamt Frankfurt (BLZ 500 100 60) 115 761–609

161

man zum Jahresende zu geben.« (10. September 1974, KU Nr. 236) Der Roman wird in der Vorschau des Suhrkamp Verlags auf das erste Halbjahr 1975 angekündigt – und in den suhrkamp taschenbüchern die Nachkriegsromane, *Nach Rußland und anderswohin*, die unter dem Titel *Romanisches Café* zusammengestellte Prosaauswahl und die *Aufzeichnungen aus einem Erdloch*, mit dem Zusatz »herausgegeben von Wolfgang Koeppen«. *In Staub mit allen Feinden Brandenburgs* ist nie erschienen, die *Aufzeichnungen aus einem Erdloch* nicht zu diesem Zeitpunkt; später sollten sie in anderer Version für einen Skandal sorgen.

Trotz der Enttäuschung über den nun an die Öffentlichkeit gelangten Mißerfolg verliert Unseld nicht die Geduld und bittet Koeppen zwei Jahre später: »Ich warte nun jeden Tag auf die ›Jugend‹, wie man nur auf Jugend warten kann.« (1. Juli 1976, KU Nr. 253) *Jugend* ist der erste Originaltext von Koeppen im Suhrkamp Verlag und zugleich das einzige neue Buch in der 38 Jahre währenden Beziehung Koeppen–Unseld. Es erscheint 1976 als Band 500 der *Bibliothek Suhrkamp* und im selben Jahr auch als Lizenzausgabe in der Reihe *Spektrum* im DDR-Verlag Volk und Welt. Siebzehn Jahre hat Unseld auf dieses Ereignis warten müssen. Obwohl Fragment und teilweise aus zuvor veröffentlichten, nur leicht überarbeiteten Texten komponiert, erfährt der Band höchstes Lob und große Beachtung, steht auf der Bestenliste und bringt Koeppen wieder ins Gespräch.

Koeppen an Unseld, gerührt: »Ich danke dir für das Buch [...], für Geduld und Freundschaft. Als ich zu dir in den Verlag kam, versichertest du in der Nachfolge Suhrkamps, das letzte Wort habe der Autor. Du hast zu dem Spruch in einer damals nicht zu ahnenden Weise über Jahre gestanden. Beschämt sehe ich, das Buch ›Jugend‹ vor mir, was ich versäumt habe. Das Leben, das Werk, das Geld, einen Namen, den Schirm des Erfolges, den Panzer um das Herz. Es lag alles auf deinem Tisch. Nun war es beglückend, zu erfahren, wie du ein Manuskript in den Verlag nahmst. Du verstandest mich, hattest wenige, begründete Fragen, willigtest, wie gelobt, in mein letztes Wort, der Text wurde ein Buch, es war alles klar, ohne Zorn, Druck, Mißgunst, schulmeisterliche Strenge, der Verleger hielt zu mir, auch dies war am Anfang gesagt worden, durch dick und dünn.« (13. September 1976, KU Nr. 258)

Noch zwanzig Jahre setzt sich die Korrespondenz mit Siegfried Unseld fort. Auf Briefe voller Verzweiflung, Hilferufe, Selbstoffenbarungen, Suche um Rat auch bei häuslichen Katastrophen, auf Klagen wegen Schreibblockaden, auf Versäumnisse, Enttäuschungen, Absagen antwortet Unseld trostspendend, zuversichtlich, nie die Hoffnung auf ein neues Werk aufgebend, mit einer heute fast unglaublich erscheinenden Geduld und Noblesse, und

ohne Rücksicht auf die finanzielle Situation. Die Suhrkamp-Verlagsab-
rechnung vom 31. Juli 1993 weist ein Minus von DM 268 574,01 für Koeppen auf.

Koeppen am 2. Dezember 1993 (KU Nr. 478): »Lieber Siegfried, mein Verleger, mein Freund, mein einziger Freund, mein treuer Freund. Es ist so gekommen, daß ich Dich wohl enttäuscht habe. Mein Leben ist mir zerron-
nen. Vielleicht wird es Dich freuen, mal in ein Buch Deines Autors zu
blicken. Ich hoffe, mein Wunsch, mein Wille, Dir noch, wie ich glaube, ein
gutes Buch zu hinterlassen: die Autobiographie, die sehr viel deutsche
Schicksale enthalten wird, bunt, lebendig, traurig, wird mir noch gelingen.
[…]
Ich danke Dir, wie Du mich am Leben erhalten hast.«

Koeppen hat seinem Freund und Verleger seine desperate Lage in allen
Details anvertraut. Mit einer Ausnahme allerdings: Sie betrifft Jakob Littner: *Aufzeichnungen aus einem Erdloch.* Unter diesem Namen und Titel war
1948 im Verlag von Herbert Kluger in München ein Buch erschienen, die
Leidensgeschichte eines nach Polen verschleppten jüdischen Briefmarken-
händlers und der Bericht der nach langer Ghetto-Haft ermöglichten Rückkehr in das zerstörte München, ein frühes Zeugnis der Holocaustliteratur
(s. S. 64). Erst nach Koeppens Tod stellte sich heraus, daß er das von Littner geschriebene, in Form einer tagebuchartigen Familienchronik ange-
legte Manuskript in eine literarisierte Version gebracht hatte. »Damit entstand auf der Grundlage des authentischen Berichts eines Holocaust-Über-
lebenden unmittelbar nach dem Krieg das literarische Werk eines
deutschen Schriftstellers, in dem dieser sich mit dem Holocaust in Ich-
Form auseinandersetzt, was in jener Zeit ein einmaliger Vorgang war. Aber
gerade eine solche Auseinandersetzung mit dem dunkelsten Kapitel deutscher Geschichte, in die sich Koeppen kurz nach dem Krieg als Anonymus
einbrachte, schien ihm neben dem Tatsachenreport wichtig zu sein. Zwar
sprechen die von Littner selbst aufgeschriebenen Erinnerungen eine klare
Sprache und stehen für sich. Was dem Erinnerungstext des Opfers jedoch
offenbar nach Koeppens Ansicht fehlte, ist die Schicht kritischer Vergan-
genheitsreflexion. Gerade die aber versucht der Literat dem Erinnerungstext einzuschreiben. Denn ihm ging es um eine Bewusstwerdung dessen,
was sich an Historischem ereignet hatte.« (Ulrich, S. 205)

Die Öffentlichkeit wußte von diesem Vorgang zunächst nichts. Koeppen
hat sich lange Zeit nicht öffentlich zu diesem Buch bekannt, wohl aber Unseld davon erzählt, nur eben nicht die ganze Wahrheit. Am 10. September
1974 (KU Nr. 236) schreibt er Unseld in der ihm eigenen Enigmatik: »Es
stammt in dem kleinen Buch zwar jedes Wort von mir, aber im ganzen ist

folgende Doppelseite:
Das Arbeitszimmer

alles doch komplizierter und bietet vielleicht sogar größere Möglichkeiten.« Er denkt daran, die *Aufzeichnungen aus einem Erdloch* als Grundlage für
einen umfangreicheren Zeitroman zu verwenden. Unseld rät Koeppen
brieflich, die alte Fassung mit einem ausführlichen Vorwort neu herauszugeben (13. September 1974, KU Nr. 237), und wirklich wird der Text, wie
erwähnt, unter der Herausgeberschaft von Koeppen in der Vorschau des
Verlages für das zweite Halbjahr 1975 angekündigt, erscheint aber zu dem
avisierten Zeitpunkt nicht. Auch in seinem Interview mit Marcel Reich-Ranicki im Oktober 1985 spricht Koeppen von der Littner-Adaption und antwortet auf die Frage Reich-Ranickis:
»Haben Sie das umgeschrieben, neu geschrieben?«
Koeppen: »Völlig neu.«
Reich-Ranicki: »Redigiert?«
Koeppen: »Neu geschrieben, völlig neu geschrieben.«
(WKA, Koeppen im Gespräch mit Reich-Ranicki, Manuskript, S. 229) In
der Druckfassung des Gesprächs taucht diese Passage nicht auf – siehe jedoch die Neuausgabe *Marcel Reich-Ranicki im Gespräch mit Wolfgang Koeppen.*
Vermutlich hat später Siegfried Unseld, wie immer auf der Suche nach einem Manuskript von Koeppen, diesen bewegen können, den alten Text
herauszugeben. Er erscheint 1992 mit Koeppens Namen als alleinigem Verfasser und mit dem Untertitel *Roman* als erstes Buch im Jüdischen Verlag
im Suhrkamp Verlag, versehen mit einem kurzen Vorwort. Unseld äußert
sich enthusiastisch: »Ich bin überzeugt, das Buch wird ein neues großes
Echo auslösen. Ich werde bei der Vorstellung des Buches am 19. Februar
sagen, daß man Deine bedeutsame Roman-Trilogie aus den 50er Jahren
fortan anders wird lesen müssen: an ihrem Beginn steht das Protokoll eines
deutschen Schriftstellers über die Verfolgung und Vernichtung der Juden.
Du weißt ja, daß Reich-Ranicki in dieser Veranstaltung über Dein Buch
sprechen wird. (Er soll begeistert sein: sein Schicksal!)« (13. Februar 1992,
KU Nr. 461)
Begeistert geriet die Eröffnungsrede Reich-Ranickis, und das Buch hat
tatsächlich ein großes Echo ausgelöst, doch nicht ganz im Sinne der beiden
Laudatoren. Trotz mancher positiver Rezensionen stieß sich die Kritik bald
ebenso an Koeppens Anmaßung im Vorwort, die beschriebene »Leidensgeschichte eines deutschen Juden« wurde »meine Geschichte«, wie an der
nicht geringeren Anmaßung, im Namen der jüdischen Opfer – und diese
bevormundend – den Mördern zu vergeben: »Ich hasse niemanden. Ich
hasse auch die Schuldigen nicht. Ich habe unter ihrer Verfolgung gelitten;
aber ich maße mir nicht an, ihr Richter zu sein.« (*Aufzeichnungen*, S. 6, 149)
Die Verwunderung wuchs, als Reinhard Zachau bei Nachfahren Littners in

New York das Originalmanuskript *Mein Weg durch die Nacht* von Jakob Littner entdeckte. Littners Text ist umfangreicher als Koeppens Version, und es erwies sich, daß Koeppen den Littnerschen Urtext bis in einzelne Formulierungen hinein übernommen hatte. »Die Existenz des umfänglichen Littner-Originaltextes beweist, daß Koeppen im späten Vorwort von 1992 die wahren Umstände seines Arbeitsauftrages bewußt verfälschte, wohl in der Absicht, dadurch sein eigenes ethisches Verdienst als Auftragsautor besonders herauszustreichen.« (Döring, S. 329) »Ich bin ein gewandter Lügner, das fordert der Beruf«, hier aber hatte Koeppen den Bogen überspannt. Siegfried Unseld reagierte auf diesen Befund, indem er Alfred Estermann beauftragte, die Publikationsgeschichte zu rekonstruieren. Daraus entstand die im Jahre 2002 erschienene Neuauflage mit einem fünfzigseitigen Essay von Alfred Estermann.

Wolfgang Koeppen hat die Irritation beim Fund des originalen Manuskripts von Jakob Littner nicht mehr erlebt. Er starb nach langer schwerer Krankheit in München am 15. März 1996 mit fast 90 Jahren. In seinem Nachlaß liegen Tausende von Manuskriptseiten, die nicht mehr zu abgeschlossenen Texten gerieten. War es Unvermögen, die ausufernden Phantasien zu strukturieren, war es die Sorge, Unvollkommenes aus der Hand zu geben, war es die private Situation oder eine Verweigerung gegenüber dem Buchmarkt? Koeppen gibt uns bis zuletzt Rätsel auf. »Ich hatte es nicht leicht und machte es mir schwer […]. Ich schwamm gegen den Strom und hatte Mühe, nicht unterzugehn. […] Ich hätte mich anpassen müssen. Das wollte und konnte ich nicht. […] Ich war ein Ärgernis. Ich wollte ein Ärgernis sein.« (Ulla Berkéwicz, *Das unerreichte Petra*)

Marcel Reich-Ranicki schrieb in seinem Nachruf (*Frankfurter Allgemeine Zeitung*, 16. März 1996) zum »Tode des großen deutschen Schriftstellers«: »Glücklich war er wohl nie. Von Anfang an gehörte Wolfgang Koeppen, der am 15. März in München gestorben ist, zu den Verstrickten und den Verzweifelten, bald schon zu den Strauchelnden und den immer wieder Stürzenden. Ein Opfer seiner Zeit? Gewiß, auch das, doch vor allem war er ein Sorgenkind des Daseins. Er selber jedenfalls machte sich in dieser Hinsicht nichts vor: Sein Leben habe er, schrieb er 1981 in einem Brief, ›vertan‹ und ›verspielt‹. [...] Nie war es Koeppen gelungen, einen Bestseller zu schreiben, auch als er längst die höchsten Literaturpreise erhalten hatte, blieb er paradoxerweise nahezu ein Geheimtip. Vielleicht hat das auch damit zu tun, daß er unerbittlich und unversöhnlich war, daß er seinen Lesern nichts vormachte und nichts ersparte: Wolfgang Koeppen war der Dichter unserer Niederlagen und unseres Scheiterns.«

Beim Begräbnis von Wolfgang Koeppen am 21. März 1996 in München griff Siegfried Unseld Reich-Ranickis Formulierung auf: »›Glücklich war er wohl nie‹, so die Übereinstimmung der Nachrufe. Gewiß, Blick und Grundstimmung des Menschen Koeppen waren melancholisch [...]. Für die, die ihn persönlich kannten, waren auch glückliche Grundstimmungen spürbar. [...] Wolfgang Koeppen war stolz, Schriftsteller zu sein. Er war, so sagte er es, auch Schriftsteller, wenn er nicht oder nichts schriebe, er schriebe ja immer. Thomas Mann hat die letzten Bewegungen Goethes als Schreibgesten gedeutet. Koeppen schrieb, schon fast ohne Bewußtsein, bis zuletzt. ›Komm’ bei mir vorbei‹, schrieb er mir in einem seiner letzten Briefe aus dem Krankenhaus, ›daß ich Dir sage, was ich schreiben könnte, schreiben werde, schreiben will.‹ Ich kam. Er zeigte mir ein Blatt, auf dem er den Titel seiner zu schreibenden Autobiographie handschriftlich gleich dreifach exponiert hatte: ›Nein-Nein-Nein‹. ›Komm’‹, so schrieb er, ›komm’ an meinen leeren Schreibtisch voll von meinen Träumen.‹ Und hier mit seinen Träumen war er wohl glücklich.«

Giovanni Battista Piranesi: aus den *Carceri*

»So durfte ich jung die Carceri von Piranesi betrachten und bin in diesem bewundernswerten grausamen Labyrinth verirrt geblieben; gefesselt, geängstigt und unbegreiflich entzückt.« (Der geborene Leser)

23. Juni 1906 Wolfgang Arthur Reinhold Köppen (später gebraucht er grundsätzlich die Schreibweise Koeppen) kommt in Greifswald als Sohn der unverheirateten Maria Köppen zur Welt. Der Vater Dr. Reinhold Halben ist Privatdozent der Augenheilkunde an der Universität Greifswald. Er bezahlt Alimente, streitet aber 1921 vor Gericht die Vaterschaft ab.

1908 Großmutter Emilie Köppen stirbt in Greifswald.

1909 Maria Köppen übersiedelt mit ihrem Sohn zu ihrer Schwester Olga Köppen, Haushälterin und Lebensgefährtin des preußischen Baurates Theodor Wille, Wolfgang Koeppens Nennonkel, nach Thorn in Ostpreußen.

Um 1912 Theodor Wille wird nach Ortelsburg in Masuren versetzt und zieht mit der Hausgemeinschaft ins Ortelsburger Beamtenhaus um.

August 1914 Ortelsburg wird von der russischen Armee zerstört, Maria, Olga und Wolfgang Koeppen fliehen nach Greifswald.

15.4.1915 Rückkehr nach Ortelsburg. Besuch des Reform-Realprogymnasiums.

Frühjahr 1919 Übersiedlung von Mutter und Sohn nach Greifswald. Am 27. Mai wird Wolfgang Koeppen in die Tertia der Knaben-Mittelschule in Greifswald aufgenommen, aber am 21.8.1919 in die Quarta zurückversetzt.

13.7.1920 Wolfgang Koeppen wird »in Beruf« entlassen. Damit ist seine Schulzeit vorbei mit dem Ende der Schulpflicht.
Laufjunge in einer Greifswalder Buchhandlung, wichtige Begegnung mit zeitgenössischer Literatur.

1922 / 23 Juni/Juli 1922 und Januar bis März 1923 fährt er als Kochjunge von Stettin aus zur See.

Sommer 1923 Er spielt eine kleine Rolle im Lustspiel *Im weißen Röss'l* am Fürstlichen Schauspielhaus in Putbus auf Rügen.

Ab 1923 Maria Köppen erhält eine feste Anstellung als Souffleuse am Stadttheater Greifswald.

6.11.1923 Artikel von Wolfgang Koeppen in der *Greifswalder Zeitung: Mode und Expressionismus.*

1923 / 24 Er findet eine Anstellung als Charge und zweiter Inspizient am Stadttheater Greifswald.

26.6.1924 Der Verleger Kurt Wolff schickt das Manuskript der Gedichtsammlung *Knospen Staubblüten Schrei* mit einem ablehnenden Bescheid zurück.

Herbst 1924 Einen unterschriebenen Vertrag mit dem Stadttheater Wismar hält Koeppen nicht ein.

1925 Vergebliche Bemühungen, in Berlin beruflich Fuß zu fassen.

16.11.1925 Die Mutter Maria Köppen stirbt 48jährig an einem Gehirntumor.

1926 Wolfgang Koeppen bleibt bis Herbst 1926 in Greifswald. Möglicherweise gelegentlich Gasthörer an der Universität.

Ab 1.9.1926- Dramaturgie- und Regieassistent am
30.6.1927 Stadttheater Würzburg. Publikationen in den *Blättern des Stadttheaters* und anderen Zeitschriften. Danach wieder in Berlin.

1928 Zwei Artikel in *Die rote Fahne.*

1929 / 30 Unerwiderte Liebe zu der Schauspielerin Sybille Schloß.

Seit 1931 Gelegentliche Mitarbeit im *Berliner Börsen-Courier.*

Ab 1.9.1932 Festes Redaktionsmitglied des *Berliner Börsen-Couriers.* Ca. 300 Beiträge, z. T. unter Kürzel oder anonym erschienen.

Januar 1933 Besuch in München, er schreibt ein Lied für das Februarprogramm des Kabaretts *Die Pfeffermühle.*

Dezember 1933	Antrag zur Aufnahme in den Reichsverband Deutscher Schriftsteller.
Ende 1933	Der *Berliner Börsen-Courier* geht in der rechtsgerichteten *Berlin Börsen-Zeitung* auf.
6.6.1934	Die *Berliner Börsen-Zeitung* hat für Koeppen »keine Verwendung« mehr.
März / April 1934	Mit einem Vorschuß des Verlegers Bruno Cassirer auf einen Roman und mit Unterstützung von Theodor Wille reist Koeppen nach Italien. Treffen mit Sybille Schloß.
Mai 1934	Eine Bewerbung als Dramaturg bei den Münchner Kammerspielen scheitert wegen nicht ausreichender Dokumente über die Abstammung.
Sommer 1934	Koeppen schreibt in Berlin und Reinfeld seinen ersten Roman: *Eine unglückliche Liebe*; er erscheint im November bei Bruno Cassirer in Berlin.
Ende November 1934	Er nimmt das Angebot der befreundeten Familie Michaelis an und übersiedelt zu ihnen nach Den Haag.
Oktober 1935	Der zweite Roman, *Die Mauer schwankt*, erscheint ebenfalls bei Bruno Cassirer in Berlin.
14.11.1938	Mit Aussicht auf Aufträge beim Film kehrt er nach Deutschland zurück, verbringt den Winter in Reinfeld/Holstein bei der Tante Olga Köppen und in Kampen/Sylt.
1939	Im Universitas Verlag Berlin erscheint der Roman *Die Pflicht* (früher u. d. T. *Die Mauer schwankt)*.
1939-1943	Berlin. Exposés für Filme, Mitarbeit an Drehbüchern, gelegentliche Beiträge in deutschen Zeitungen.
17.4.1940	Auf Bitten des Universitas Verlages wird der Einberufungsbefehl für Koeppen wegen Abschlußarbeiten an einem Roman zurückgestellt.
1944	Übersiedlung nach München bzw. in das nahe Feldafing; intensive Liebesbeziehung zu der sechzehnjährigen Marion Ulrich, Freundschaft mit dem Filmschauspieler Ferdinand Marian. Zwei lukrative Drehbuch-Verträge mit der Bavaria-Filmkunst G.m.b.H.
Frühjahr 1945	Koeppen beim Volkssturm in Feldafing.
1946	Arbeit an einem Romanprojekt. Kontakte zu Rowohlt und zu Henry Goverts. Lektor im Verlag Herbert Kluger, München. Zusätzliche Einnahmen durch den Verkauf von Antiquitäten
1947 / 48	Beiträge für *Die Neue Zeitung*.
24.11.1948	Heirat mit Marion Ulrich. Wohnung in deren Elternhaus in München.
1948	Im Verlag Herbert Kluger in München erscheint: Jakob Littner: *Aufzeichnungen aus einem Erdloch*.
1951	*Tauben im Gras*. Der Roman erscheint bei Scherz und Goverts in Stuttgart/Hamburg.
16.10.1952	Die Tante Olga Köppen stirbt in Reinfeld.
1953	Im Mai arbeitet Koeppen in einem Bunker in Stuttgart an dem Roman *Das Treibhaus*, der im Herbst bei Scherz und Goverts in Stuttgart erscheint.
1954	*Der Tod in Rom*. Roman. Stuttgart: Scherz und Goverts.
1955	Im September Reise nach Spanien im Auftrag des Süddeutschen Rundfunks, vermittelt durch Alfred Andersch.
1956	Im April erste Radiosendung der Reiseessays. Im Herbst längerer Aufenthalt in Rom.
1957	Im Juni reist Koeppen auf Einladung des sowjetischen Schriftstellerverbandes nach Rußland. Im September Reisen nach Den Haag und London.
1958	Von April bis Juni bereist er die USA. Das Reisebuch *Nach Rußland und anderswohin. Empfindsame Reisen* erscheint bei Goverts in Stuttgart.
1959	Von Mai bis Juli ausgedehnte Reise nach Frankreich. Das Reisebuch *Amerikafahrt* erscheint bei Goverts in Stuttgart. Turbulenzen um den Goverts Verlag. Koeppen wird von zahlreichen Verlagen umworben.
1960	Zweite Reise nach Frankreich.
1961	Nach längerer Anlaufzeit und einigen Vorauszahlungen ist Koeppen per Vertrag ab 1.1.1961 Autor des Suhrkamp Verlages. Im Sommer erscheint, als letztes Buch bei Goverts, *Reisen nach Frankreich*. Preis zur Förderung der Literatur der Landeshauptstadt München.

1962 Schreibkrise. Er erhält den Georg-Büchner-Preis der Deutschen Akademie für Sprache und Dichtung. Lesung aus einem unveröffentlichten Roman.

1965 Literaturpreis der Bayerischen Akademie der Schönen Künste.

1966 Wahl zum Ordentlichen Mitglied der Bayerischen Akademie der Schönen Künste.

1967 Umzug in die Münchner Widenmayerstr. 45.

1972 *Das romanische Café* (ein aus veröffentlichten Erzähltexten zusammengestelltes Buch) erscheint bei Suhrkamp.

1974/75 Erster Stadtschreiber in Bergen-Enkheim.

Seit 1974 Ankündigung eines neuen Romans: *In Staub mit allen Feinden Brandenburgs*, der nicht erscheint.

1976 Im Herbst erscheint *Jugend* als Band 500 der Bibliothek Suhrkamp und rückt alsbald auf die ersten Plätze der Bestenlisten.

1977 Hauptstipendium des Europa-Forums für Literatur der Deutschen Schiller-Stiftung.

1980 Erstsendung des filmischen Koeppen-Porträts von Ferry Radax *Ich bin gern in Venedig warum* im WDR.

1982 Kultureller Ehrenpreis der Landeshauptstadt München. Gastdozentur für Poetik an der Johann Wolfgang Goethe-Universität in Frankfurt.

1983 Verleihung des Arno Schmidt-Preises.

1984 Am 15. April stirbt Marion Koeppen.

1985 Lesung in Ostberlin und Reise nach Greifswald.

1986 Zum 80. Geburtstag erscheint die sechsbändige Ausgabe *Gesammelte Werke*, herausgegeben von Marcel Reich-Ranicki. Im Oktober Lesereise nach New York.

1988 Im Frühjahr Schiffsreise nach Fernost auf Einladung von Siegfried Unseld.

1990 Verleihung der Ehrendoktorwürde durch die Universität Greifswald.

1992 Im Jüdischen Verlag im Suhrkamp Verlag erscheint als erstes Buch Wolfgang Koeppen: *Jakob Littners Aufzeichnungen aus einem Erdloch.*

23.4. Verleihung des Verdienstkreuzes 1. Klasse des Verdienstordens der Bundesrepublik Deutschland.

1994 Ehrenbürger der Stadt Greifswald. Koeppen übersiedelt in ein Seniorenheim.

15. März 1996 Wolfgang Koeppen stirbt in München. Grabstätte auf dem Nordfriedhof.

Siglenverzeichnis der Texte von Wolfgang Koeppen

GW	Wolfgang Koeppen: *Gesammelte Werke in sechs Bänden.* Hg. von Marcel Reich-Ranicki in Zusammenarbeit mit Dagmar von Briel und Hans-Ulrich Treichel. Frankfurt: Suhrkamp 1986
Band 1:	Romane I. *Eine unglückliche Liebe. Die Mauer schwankt*
Band 2:	Romane II. *Tauben im Gras. Das Treibhaus. Der Tod in Rom*
Band 3:	Erzählende Prosa. *Jugend.* Erzählungen
Band 4:	Berichte und Skizzen I. *Nach Rußland und anderswohin. Amerikafahrt. Reisen nach Frankreich*
Band 5:	Berichte und Skizzen II
Band 6:	Essays und Rezensionen
Oehlenschläger	*Wolfgang Koeppen.* Hg. von Eckart Oehlenschläger. Frankfurt: Suhrkamp 1987
Treichel	*Einer der schreibt.* Gespräche und Interviews. Hg. von Hans-Ulrich Treichel. Frankfurt: Suhrkamp 1995
Ohne Absicht	Wolfgang Koeppen: *Ohne Absicht. Gespräch mit Marcel Reich-Ranicki.* Hg. von Ingo Hermann. Göttingen: Lamuv 1994
AdK	Archiv der Stiftung Akademie der Künste Berlin
HA/BV	Historisches Archiv des Börsenvereins Frankfurt
KU	*»Ich bitte um ein Wort.« Wolfgang Koeppen – Siegfried Unseld. Der Briefwechsel.* Hg. von Alfred Estermann und Wolfgang Schopf. Frankfurt: Suhrkamp 2006
Mon	Literaturarchiv der Monacensia, Stadtbibliothek München
SA	Suhrkamp Verlagsarchiv
UB Greifswald	Briefwechsel Wolfgang Koeppen/Henry Goverts
WKA	Wolfgang-Koeppen-Archiv Greifswald

Abich, Hans: *Auskunft eines Schweigsamen*. Gespräch mit Wolfgang Koeppen. Erstsendung Bayerisches Fernsehen, 22.6.1981

Becker, Sabina: *Ein verspäteter Modernist? Zum Werk Wolfgang Koeppens im Kontext der literarischen Moderne*. In: *Treibhaus. Jahrbuch für die Literatur der fünfziger Jahre* 1 (2005), S. 97-115.

Berkéwicz, Ulla: *Das unerreichte Petra oder Die Wahrheit geht auf den Strich*. In: *Frankfurter Allgemeine Zeitung*, 29.1.2000

Braem, Helmut M.: *Sie halten den Krieg am Schwelen. Zu dem neuen Roman von Wolfgang Koeppen*. In: *Deutsche Rundschau* 80 (1954), S. 1303-1305

Cwojdrak, Günther: *Kleines Rencontre mit der Restauration*. In: *Neue Deutsche Literatur* 3 (1955), Heft 8, S. 140-142

Döring, Jörg: *»… ich stellte mich unter, ich machte mich klein …« Wolfgang Koeppen 1933-1948*. Frankfurt 2001

Erlach, Dietrich: *Wolfgang Koeppen als zeitkritischer Erzähler*. Uppsala 1973

Figge, Klaus: *Alfred Andersch als Radiomacher*. In: Irene Heidelberger-Leonard, Volker Wehdeking (Hg.): *Alfred Andersch. Perspektiven zu Leben und Werk*. Opladen 1994, S. 42-50

Haas, Christoph: *Wolfgang Koeppen. Eine Lektüre*. Würzburg 1998

Häntzschel, Günter: *Groteskes in Wolfgang Koeppens »Der Tod in Rom«*. In: *Jahrbuch der Internationalen Wolfgang Koeppen-Gesellschaft* 1 (2001), S. 77-89

Häntzschel, Günter: *Durchheiterter Ernst. Wolfgang Koeppens »Tauben im Gras«*. In: *Jahrbuch der Internationalen Wolfgang Koeppen-Gesellschaft* 2 (2003), S. 113-125

Heißenbüttel, Helmut: *Wolfgang-Koeppen-Kommentar*. In: Ulrich Greiner (Hg.): *Über Wolfgang Koeppen*. Frankfurt 1976, S. 151-162

Hieber, Jochen (Hg.): *»Lieber Marcel«. Briefe an Reich-Ranicki*. Stuttgart 1995

Hielscher, Martin: *Wolfgang Koeppen*. München 1988

Horst, Karl August: *Der ewige Judejahn*. In: *Merkur* 9 (1955), S. 589-591

Hühnerfeld, Paul: *Gespenster in Rom*. In: *Die Zeit*, 4.11.1954

Keiser-Hayne, Helga: *Erika Mann und ihr politisches Kabarett »Die Pfeffermühle« 1933-1937*. Reinbek 1995

Kirst, Hans Hellmut: *Drei Erzähler begegnen sich* [Rezension unter anderem von *Der Tod in Rom*]. In: *Münchner Merkur*, 17.11.1954

Leuschner, Ulrike: *Die erlesene Stadt. Wolfgang Koeppens Würzburg-Essay*. In: *Jahrbuch der Internationalen Wolfgang Koeppen-Gesellschaft* 2 (2003), S. 247-267

Mahr, Sabine: *»Nehmen Sie mich, ich bin vollkommen hemmungslos.« Die Schauspielerin und Kabarettistin Sybille Schloß*. Rundfunkfeature. SWR 2, Erstsendung 24.8.2002

Mann, Klaus: *Briefe und Antworten. Band I: 1922-1937*. Hg. v. Martin Gregor-Dellin. München 1975

Marcuse, Ludwig: *Eine einsame Stimme. Wolfgang Koeppen: »Der Tod in Rom«*. In: *Aufbau*. New York, 25.3.1955

Mitscherlich, Margarete: *Wie haben sich die deutschen Schriftsteller gegen die Unfähigkeit zu trauern gewehrt? Dargestellt an Wolfgang Koeppens »Der Tod in Rom«*. In: *Neue Rundschau* 94 (1983), Heft 3, S. 137-156

Quack, Josef: *Wolfgang Koeppen: Erzähler der Zeit*. Würzburg 1997

Reich-Ranicki, Marcel: *Mein Leben*. Stuttgart, München 1999

Sauter, Josef-Hermann: *Gespräch mit Wolfgang Koeppen*. In: *Sinn und Form* 38 (1986), S. 543-555

Schildt, Axel: *Moderne Zeiten. Freizeit, Massenmedien und »Zeitgeist« in der Bundesrepublik der 50er Jahre*. Hamburg 1995

Steinlein, Rüdiger: *Das Furchtbare lächerlich? Komik und Lachen in Texten der deutschen Holocaust-Literatur*. In: Manuel Köppen (Hg.): *Kunst und Literatur nach Auschwitz*. Berlin 1993, S. 97-106

Tank, Kurt Lothar: *Muß das sein? Judejahn*. In: *Deutsches Allgemeines Sonntagsblatt*, 5.12.1954

Tau, Max: *Das Land, das ich verlassen mußte*. Hamburg 1961

Ulrich, Roland: *Metamorphose eines Textes. Vom Report Jakob Littners zum Roman Wolfgang Koeppens*. In: Jakob Littner: *Mein Weg durch die Nacht. Mit Anmerkungen zu Wolfgang Koeppens Textadaption*. Hg. von Roland Ulrich und Reinhard Zachau. Berlin 2002, S. 199-208

Abbildungsnachweise

akg-images, Berlin: 27 u.
Nomi Baumgartl / Bilderberg: Hamburg: 71, 144
Bayerische Staatsbibliothek, München (Foto: Felicitas
    Timpe): 104 u.
Bundesarchiv, Berlin. 47
Deutsche Akademie für Sprache und Dichtung, Darmstadt
    (Foto: Pit Ludwig): 146 o.
Die Deutsche Bibliothek, Leipzig: 52 o.
Barbara Klemm / FAZ, Frankfurt: 150, 156
Digne Meller-Marcovicz, Berlin: 154
Monacensia / Literaturarchiv, München: 114
Stefan Moses, München: 164 / 165
Andreas Pohlmann, München: 151
Stadtarchiv Greifswald / Postkartensammlung: 11
Stadtarchiv München: 85, 89, 90
Stadtmuseum München: 86
Stiftung Deutsche Kinemathek / Filmmuseum Berlin /
    Schriftgutarchiv: 58
ullstein bild, Berlin: 44
Wolfgang-Koeppen-Archiv, Greifswald: 12-25, 27 o., 29,
    32-36, 38, 40-43, 48, 49, 53, 55, 59, 63, 64 li., 65, 68, 72-
    74, 76-81, 84, 92, 93, 94-97, 101, 102, 104 o., 105, 110-113,
    118-121, 125, 127, 129, 134-137, 142, 146 u., 147, 149, 155,
    161

Alle anderen Abbildungen stammen aus dem Archiv des
Suhrkamp Verlags.